Stefanie Janssen

Ein vorteilsfreier Blick auf TTIP – Zwischen wahren Wirtschaftseffekten und realen Gefahren

Motive, Effekte und unsere kulturellen Werte

Inhaltsverzeichnis

Inhaltsverzeichnis II

Abbildungsverzeichnis III

Tabellenverzeichnis IV

Abkürzungsverzeichnis V

1 Einleitung 1

   1.1. Zielsetzung 2

2. Das Streben nach wirtschaftliche Integration 3

   2.1. Globalität ist das Ziel 4

   2.2. TTIP-Entwicklungschronik 6

   2.2.1. Beweggründe für das transatlantische Freihandelsabkommen (TTIP) 9

   2.2.2. Zentrale Verhandlungsobjekte 13

3. Erwartete wirtschaftliche Auswirkungen von TTIP 20

   3.1. Handelsschaffung – und Wohlfahrtseffekte 22

   3.2. Effekte auf den Arbeitsmärkten 31

   3.3. Welche Sektoren profitieren am meisten? 36

   3.4. Wirtschaftlicher Ausblick 41

4. Die kulturellen Stolpersteine des TTIP 44

   4.1. Nachsorge - vs. Vorsorgeprinzip 48

   4.1.1. Europa – Vorreiter im Umweltschutz 54

   4.2. Ökonomisierung der Kultur 58

   4.3. Gewährleistung der Daseinsvorsorge 61

   4.4. Das Dilemma der demokratischen Legitimation 63

5. Fazit 65

Literaturverzeichnis 69

Abbildungsverzeichnis

Abb.2-1: TTIP-Verhandlungsübersicht 8

Abb.2-2: Bevölkerung in Mio. Einwohner und Wirtschaftsleistung BIP in
Bio. US Dollar 9

Abb. 2-3: Wichtigste Handelspartner der EU-28 12

Abb.3-1: Wohlfahrtseffekte einzelner Länder bei umfassender
Liberalisierung 25

Abb.3-2: Einkommenszuwächse bei umfassender Liberalisierung in EU 27 27

Abb. 3-3: Effekte auf den Arbeitsmärkten 32

Abb. 4-1: Politisches System der Europäischen Union 46

Abb. 4-2: Kulturdimension von Hofstede 51

Tabellenverzeichnis

Tab. 2-1: Non-Tariff Measures in EU-US Trade and Investment - An Economic Analysis for the European Commission 11

Tab. 3-1: Gesamtschulden ausgewählter EU-Länder 20

Tab. 3-2: Wirtschaftswachstum ausgewählter EU-Länder 21

Tab. 3-3: Einkommenszuwächse auf Basis des BIP verschiedener Studien 24

Tab. 3-4: Effekte auf den Arbeitsmärkten (Zollszenario); Bertelsmann Stiftung 34

Tab. 3-5: Effekte auf den Arbeitsmärkten (Tiefe Liberalisierung) Bertelsmann Stiftung 34

Tab. 3-6: Vergleich Beschäftigungseffekte/ Neue Arbeitsplätze nach 15 Jahren TTIP 35

Tab. 3-7: Bilaterale Exportzuwächse nach Sektoren; ifo-Studie 36

Tab. 3-8: Bilaterale Exportzuwächse nach Sektoren; CEPR-Studie 37

Tab. 3-9: Sektorale Effekte in Deutschland bei 20% Exportanstieg 40

Abkürzungsverzeichnis

AEUV: Vertrag über die Arbeitsweise der Europäischen Union

ASEAN: Association of South East Asian Nations

AVE: Ad Valorem Equivalents

BMWi: Bundesministerium für Wirtschaft und Energie

CETA: Comprehensive Economic and Trade Agreement

GATS: General Agreement on Trade in Services

GATT: General Agreement on Tariffs and Trade

GTAP: Global Trade Analysis Project

GMO: Genetically Modified Organism

HLWG: High Level Working Group on Jobs and Growth

MAI: Multilaterales Investitionsabkommen

NAFTA: North American Free Trade Agreement

NTB: Non-Tariff Barriers

TEC: Transatlantic Economic Council

TiVA: Trade in Value Added

TRIPS: Agreement on Trade-Related Aspects of Intellectual Property Rights

OECD: Organization for Economic Cooperation and Development

WTO: World Trade Organization

1 Einleitung

Das transatlantische Freihandelsabkommen, kurz TTIP, welches seit Mitte 2013 zwischen den USA und der EU, von Vertretern der beiden Wirtschaftsmächte hinter verschlossenen Türen verhandelt wird, löste in der europäischen und amerikanischen Öffentlichkeit eine heftige Debatte aus. Interessenskonflikte im Umwelt und Verbraucherschutzrecht und der umstrittene Investorenschutz lässt den Zweifel zu, ob die Rechte der Bürger zu Gunsten der Konzerne beschnitten werden. Regierungs- und Wirtschaftsvertreter bezeichnen das Abkommen als „Win-Win-Situation", doch welche Risiken könnte das Abkommen mit sich bringen? Welche Motive stecken hinter den steigenden bilateralen Abkommen im Schatten der World Trade Organisation? Lohnt sich das bilaterale Freihandelsabkommen rein wirtschaftlich? Wenn ja, für wen? Welche treibenden Kräfte stecken hinter den Bestrebungen? Kann wirtschaftliche Integration ohne die Berücksichtigung von Kultur und Mensch funktionieren? Die Ökonomie vernetzt sich abseits jeder Kultur und Regeln zur Geoökonomie, welche die Bedeutung des Staates stark gewandelt hat. Wieviel Souveränität muss Europa einbüßen, um dieses Abkommen erfolgreich abzuschließen? Wie bedeutend sind die kulturellen Werte, die diese beiden Wirtschaftsmächte mit sich bringen für das Abkommen? Welche Einfluss haben diese Werte auf das Land selbst und für den Rest der Welt? Ist die Annährung oder auch Anerkennung von Standards zwischen den USA und der EU ein realistisches Ziel? Wenn ja, inwieweit wäre es überhaupt demokratisch legitimierbar?

Die vorliegende Arbeit beschäftigt zum einem mit den wirtschaftlichen Vorteilen, die wirtschaftliche Integration mit sich bringt und zum anderen welche Motive dabei zu Grunde liegen. Anschließend wird der Verhandlungsinhalt des TTIPAbkommens beleuchtet und die erwarteten wirtschaftlichen Gewinne anhand von verschiedenen Studien evaluiert. Im Anschluss werden die kulturellen Aspekte, die sich in den Vereinigten Staaten und in der Europäische Union in den jeweiligen Werten, Standards und Regeln wiederspiegeln, herausgearbeitet. Anschließend wird erörtert in wieweit das Freihandelsabkommen in die Kultur der europäischen Mitgliedsstaaten greift und inwiefern diese kulturellen Aspekte für die Umsetzung und der weiteren Verhandlungen über die transatlantische Handels- und Investitionspartnerschaft von Bedeutung sind.

Dabei wird anschaulich auf die Probleme und mögliche Stolpersteine für das TTIP-Abkommen eingegangen. Darüber hinaus zeigt diese Arbeit, inwieweit eine Annährung von Standards und Werten für das Zustandekommen für die Transatlantischen Handels- und Investitionspartnerschaft erforderlich ist und inwieweit diese realistisch umsetzbar sind.

Im Mittelpunkt steht dabei die Transatlantische Handels- und Investitionspartnerschaft, dass wie jedes andere bilaterale und multilaterale Abkommen durch die verschiedenen Sichtweisen und Kulturen der Verhandlungspartner geprägt ist. Doch allzu oft ist die Betrachtung von zwischenstaatlichen Abkommen rein ökonomischer Natur. Wie wichtig ist es im Zuge der zunehmenden Interdependenz von Staaten und bei der treibenden und einzigen Macht des Weltmarktes die Kultur mit einzufließen zu lassen und dem Welthandel ein Gesicht zu geben?

1.1 Zielsetzung

Das Ziel ist es, dem Leser einen Überblick über die wirtschaftliche Bedeutung des transatlantischen Freihandelsabkommens für sämtliche Bezugsgruppen zu verschaffen und gleichzeitig ein grundlegendes Verständnis für die kulturellen Zusammenhänge zu vermitteln, welches anschließend deren Bedeutung für die Verhandlungen nachvollziehbar darlegt. Darüber hinaus soll im Übrigen gezeigt werden, in welchem gewandelten Umfeld sich die Verhandlungspartner bewegen, um die Herausforderungen der politischen Akteure zu erkennen. Auf diese Weise wird sichergestellt, dass der Leser die Reichweite und die Bedeutung des TTIP -Abkommens, welches über ein gewöhnliches bilaterales Abkommen hinausgeht, versteht und einordnen kann.

2   Das Streben nach wirtschaftliche Integration

Die Länder der Welt sind durch die steigende globale Verflechtung auf den Weltmarkt immer stärker voneinander abhängig, sowohl in der Energie-und Rohstoffpolitik als auch in der Forschung und Entwicklung. Neben der steigenden weltweiten Abhängigkeit und Verflechtung gibt es eine zunehmende Tendenz von wirtschaftlichen und politischen Bestrebungen, Handlungsräume gezielt durch Regionalisierung zu gestalten und zu festigen. Während Staaten durch den Prozess der Globalisierung Einschränkungen in ihrer Souveränität hinnehmen müssen, gewinnen gleichzeitig trans-und supranationale Zusammenschlüsse, wie beispielsweise die Europäische Union, an Bedeutung (Lemke, 2012). Die Rolle regionaler Zusammenschlüsse in der Welt wächst stetig, um den Handel zu erleichtern und wirtschaftliche Beziehungen zu festigen. Globalisierung und Regionalisierung sind daher zwei gleichzeitig verstärkende Entwicklungen, die sich gegenseitig ergänzen. Wirtschaftliche Integration vollzieht sich nicht über die Märkte, sondern über Regierungen und deren Entscheidungen. Allgemein unterscheidet man zwischen negativer und positiver Integration. Negative Integration ist der Abbau von Handelsbarrieren wie Zölle zwischen zwei oder mehreren Wirtschaftsregionen. Demgegenüber meint positive Integration die Vergemeinschaftung konkreter Bereiche wie z.B. ein gemeinsamer Aufbau eines Sozialsystems (Thiemeyer, 2010, S.156). Die Europäische Union stellt dabei eine positive Integration dar, während Freihandelszonen zur negativen Integration gezählt werden.

Der Zweite Weltkrieg machte eine neue Welthandelsordnung erforderlich, um Weltwirtschaftskrisen wie im Jahr 1929 und auch autoritären und diktatorischen Regimen den Nährboden zu nehmen. So bildeten sich nach dem Zweiten Weltkrieg drei globale Handelszentren, die in ihrer Region eine Freihandelszone aushandelten: die Europäische Union, das NAFTA-Abkommen im nordamerikanischen Kontinent, sowie der asiatisch-pazifische Raum mit den ASEAN-Ländern. Daraus ergab sich, dass rund die Hälfte des Welthandels innerhalb der drei großen Wirtschaftsregionen erfolgte und nur etwa ein Viertel des Welthandels außerhalb dieser Wirtschaftszentren (Lemke, 2012). Die Idee des Freihandels setzte sich bereits frühzeitig im Welthandelssystem durch und gilt seither als Leitmotiv der Weltwirtschaft.

Die Basis der Liberalisierung fundiert auf das 1947 geschlossene Allgemeine Zoll-und Handelsabkommen (General Agreement on Tariffs and Trade, GATT) mit Sitz im Genf, dessen Ziel der Abbau von Handelshemmnissen sowie die Schlichtung von Handelskonflikten umfasst. Die GATT vertritt im Wesentlichen drei Prinzipien: erstens den Grundsatz des Abbaus von Handelshemmnissen, zweitens das Prinzip der Meistbegünstigung und Nichtdiskriminierung, die eine Ungleichbehandlung der Anbieter in verschiedenen Ländern untersagt und drittens den Grundsatz der Inländerbehandlung, welches Wettbewerbsnachteile für ausländische Anbieter gegenüber inländischen Produzenten verbietet.

Im April 1994 beschlossen 134 Mitglieder die Einrichtung einer Welthandelsorganisation World Trade Organisation, WTO, die den weltweiten Handel erleichtern soll. Durch die geringen Fortschritte der WTO sich in den neuen Verhandlungen über weitere Liberalisierungsmaßnahmen zu einigen, werden bilaterale Abkommen zwischen Ländern immer häufiger und zeugen von Ineffizienz der WTO zur Regulierung des Welthandels. Aus dieser Entwicklung leiten Forscher die Folgerung ab, dass sich Wirtschaftsbeziehungen nicht im Rahmen des allgemeinen Globalisierungsprozesses vertiefen, sondern sich in Form von Regionalisierung etablieren.

2.1 Globalität ist das Ziel

Globalisierung beschreibt die Prozesse, in deren Folge weltweite Märkte sich durch das transnationale Wirtschaftssystem weiter ausbreiten und sämtliche Erdteile sich querverbinden und sich somit voneinander abhängig machen. Die ökonomische Welt erscheint in ihrer Verbundenheit als Totalität. Doch die Annahme, dass wir schon längst in einer Weltgesellschaft leben, beschreibt den Umstand von Globalität, welches über Globalisierung als Prozess hinausgeht. Der Soziologe Ulrich Beck (1998, S. 26) definiert Globalität als einen faktischen und irreversiblen Ist-Zustand einer vernetzten Welt, in der die Vorstellungen geschlossener Räume fiktiv werden. Globalität als Homogenisierung mittels Regionalisierung von Wirtschaftsaktivitäten ist zweifelhaft. Integration umfasst die Übertragung von politischen und wirtschaftlichen Kompetenzen auf supranationale Ebene, der von den nationalen Interessen der einzelnen Staaten geleitet wird. Staaten sehen in der Integration immer nur ein Mittel und

Instrument, um nationale Ziele zu realisieren, nicht Ziele, die für sich genommen erstrebenswert sind, wie beispielsweise ökologische Ziele (Bieling & Lerch, 2012, S 102). Sobald man Integration um soziokulturelle Dimensionen abseits ökonomischer Komponenten erweitert, wirkt die Vorstellung einer verbundenen Weltgesellschaft utopisch. Die Verflechtungen und gegenseitigen Abhängigkeiten zwischen Staaten verdichten sich zunehmend, trotzdem hat die Entwicklung nicht zu einer Abtragung von sozialen und kulturellen Unterschieden und Ungleichzeitigkeiten geführt. Die Integration erfolgt bislang primär ökonomisch und die Integrationsdynamik wird noch nicht von einer breiten Massenbewegung getragen, sondern nur von der aktiven Wirtschaftselite und den nationalen Regierungen und Bürokratien (Bieling & Lerch, 2012, S. 106). Angesichts der unterschiedlichen Kulturen und Verhältnisse, die der Welthandel mit sich bringt, geht es dabei zum einem um die Positionierung, die Länder im Weltmarktsystem einnehmen und um die Strukturierung der eigenen Interessen im internationalen System. Die WTO, als Internationale Organisation, hat dabei den Status und auch das Machtpotenzial den uneingeschränkten Freihandel international durchzusetzen. Problematisch bei der Liberalisierung und Integration des Welthandels ist eine mögliche Aushöhlung ökologischer und sozialer Standards. Beispielsweise untersagt das WTO-Prinzip der Inländerbehandlung jede Diskriminierung ausländischer Produkte, auch wenn das Empfängerland nicht mit den ökologischen oder menschlichen Bedingungen der Herstellung einverstanden ist, beispielsweise genveränderte Lebensmittel.

Im Zuge der Globalisierung hat sich die Kluft zwischen reicheren und ärmeren Ländern der Welt nicht gebessert, aber auch innerhalb der Länder tun sich neue soziale und kulturelle Differenzen auf. Der Prozess der Globalisierung zeigt, dass es keinesfalls zu einer global einheitlichen Anpassung der nationalen Ökonomien kommt. Die Annahme über Konvergenzen nationaler Wirtschaften im Züge der Globalisierung wäre ebenso kurz gegriffen, wie die Annahme einer Gleichverteilung von Werten und Standards zwischen verschiedenen Regionen (Lemke, 2012, S. 56). Der Begriff der Globalisierung, wobei der Weltmarkt als global village fungiert, wird oft als Ausrede oder als neue Ideologie genutzt, um das Ausmaß weltweiter Ungleichheiten zu bagatellisieren.

Das Streben nach Globalität birgt die Gefahr, dass die Welt und ihre Komplexität nicht umfassend erfasst wird und somit sich die Globalität nur als vermeintliche Globalität darstellt, hinter der sich eine stark eingeschränkte Denkart verbirgt.

Eine Folge davon sind zunehmender Widerspruch und Kritik von Aktivisten gegen internationale Organisationen wie der WTO. Sie fordern Mitsprache und die gleichberechtigte Beteiligung der Bürger in supranationalen Verhandlungen zwischen Staaten sowie auch in den internationalen Organisationen. Das Bild des „global village" spiegelt daher nicht die Realität der Welthandelsordnung wieder. Bei einer fortschreitenden weltweiten Ungleichheit und der gleichzeitig zunehmenden wechselseitigen Abhängigkeiten, existiert Globalität bislang nur als Utopie. Zutreffender wäre es von einer fragmentierten Globalität auszugehen (Lemke, 2012, S. 57).

2.2 TTIP-Entwicklungschronik

Bereits Anfang der neunziger Jahre deuteten Verhandlungen über das Multilaterale Investitionsabkommen (MAI) eine beiderseitige Annäherung der wirtschaftlichen Interessen an, welches letztlich im Dezember 1998 am Widerstand Frankreichs scheiterte. Die Mitte 2014 abgeschlossenen Verhandlungen zwischen der Europäischen Union und Kanada über das Freihandelsabkommen (Comprehensive Economic and Trade Agreement, CETA) gilt als Vorlage für das US-amerikanisch-europäische Transatlantische Freihandelsabkommen (TTIP). Das CETA Freihandelsabkommen über den weitgehenden Abbau noch bestehender Zölle und der Verbesserung des gegenseitigen Marktzugangs für Waren und Dienstleistungen, ist abgeschlossen und wartet noch auf seine Ratifizierung durch die Mitgliedstaaten, in Deutschland durch den Bundespräsidenten (BMWi, 2015a). In der Transatlantischen Erklärung von 1990 wurde zur Förderung des Freihandels jährliche Gipfeltreffen zwischen der EU und den USA vereinbart. Beim USA-EU-Gipfels am 30. April 2007 in Washington beschließen José Manuel Barroso (EU-Kommissionspräsident von 2004 bis 2014), Bundeskanzlerin Angela Merkel und der damalige US-Präsident George W. Bush die Rahmenvereinbarung zur Vertiefung der transatlantischen Wirtschaftsintegration. Im Rahmen des Gipfels wurde ebenfalls der transatlantische Wirtschaftsrat (eng. Transatlantic Economic Council, TEC) auf Initiative von Bundeskanzlerin Angela Merkel eingerichtet (Auswärtiges Amt, 2015). Im Auftrag des transatlantischen Wirtschaftsrates wird im Rahmen des EU/US-Gipfel im November 2011 unter der Leitung des damaligen US-Handelsbeauftragten Ron Kirk und des EU-Handelskommissars Karel de Gucht eine hochrangige Arbeitsgruppe zu Beschäftigung und Wachstum (High Level Working Group on Jobs and Growth, HLWG) gegründet, mit der Aufgabe, Vorschläge zum weiteren Ausbau des transatlantischen Handels zu unterbreiten. In ihrem Abschlussbericht von 2013 empfiehlt die HLWG die Aufnahme von Verhandlungen über eine umfassende Handels- und Investitionspartnerschaft.

US-Präsident Barack Obama, der damalige EU-Ratspräsident Herman van Rompuy und der damalige EU-Kommissionspräsident José Manuel Barroso sprechen sich am 13. Februar 2013 in einer gemeinsamen Pressemitteilung auf Grundlage des positiven Abschlussberichtes der High-Level Working Group für eine Freihandelszone ihrer beiden Wirtschaftsblöcke aus. Im Juni 2013 erhält die EU-Kommission das Mandat als Verhandlungsführer.

Politisch verantwortlich für die TTIP-Verhandlungen ist EU-Handelskommissarin Cecilia Malmström und auf der US-Seite Michael Froman (Office of the United States Trade Representative - USTR).

Hauptverhandlungsführer der EU-Kommission ist Ignacio Garcia Bercero aus der Generaldirektion Handel und Dan Mullaney Hauptverhandlungsführer für die US-Seite (BMWi, 2015b).

Der Startschuss für die Verhandlungen zu einer "Transatlantic Trade and Investment Partnership" (TTIP) erfolgt am Rande des G8-Gipfels im nordirischen Lough Erne am 17. Juni 2013.

Verhandlungs-runde	Zeitraum	Ort
1	8. bis 12. Juli 2013	Washington D.C. (USA)
2	11. bis 15. November 2013	Brüssel
3	16. bis 20. Dezember 2013	Washington D.C. (USA)
4	10. bis 14. März 2014	Brüssel
5	19. bis 23. Mai 2014	Arlington, Virginia (USA)
6	14. bis 18. Juli 2014	Brüssel
7.	29. September bis 3.Oktober 2014	Chevy Chase, Maryland (USA)
8.	2. bis 6. Februar 2015	Brüssel

Abb. 2-1: TTIP-Verhandlungsübersicht (BMWi, 2015b)

Die erste Verhandlungsrunde findet vom 07. – 12 Juli 2013 in Washington D.C. statt. Diskussionsthemen in der ersten Verhandlungsrunde sind unter anderem Fragen zu Agrar- und Industriegütern, geistigen Eigentumsrechten bis hin zu Investitionsschutz.

Am 21. Mai 2014 wird von Bundeswirtschaftsminister Gabriel ein TTIP-Beirat aus Vertretern von Gewerkschaften, Sozial-, Umwelt- und Verbraucherschutzverbänden sowie des Kulturbereichs einberufen, mit dem Ziel, Argumente aller gesellschaftlichen Gruppen besser zu berücksichtigen und zur deutschen Positionierung beim TTIP-Abkommen beizutragen. Das Verhandlungsmandat, das die Mitgliedsstaaten vor 15 Monaten der EU-Kommission erteilt haben, wurde gemäß des Beschlusses des Rats der EU vom 9. Oktober 2014 erstmals der Öffentlichkeit zugänglich gemacht. Die mittlerweile achte Verhandlungsrunde fand am 02.- 06.02.2015 in Brüssel statt. Die 9. Verhandlungsrunde folgt im April 2015.

2.2.1 Beweggründe für das transatlantische Freihandelsabkommen (TTIP)

Das Transatlantische Freihandelsabkommen, auch Wirtschafts-Nato genannt, betrifft 800 Millionen Menschen und damit rund ein Drittel des weltweiten Handelsvolumens, obwohl beide Wirtschaftsregionen zusammen nur 12% der Weltbevölkerung repräsentieren.

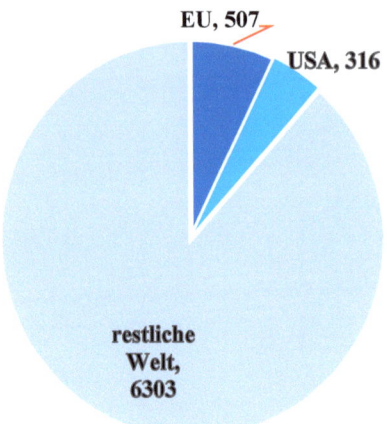

Abb. 2-2: Bevölkerung in Mio. Einwohner

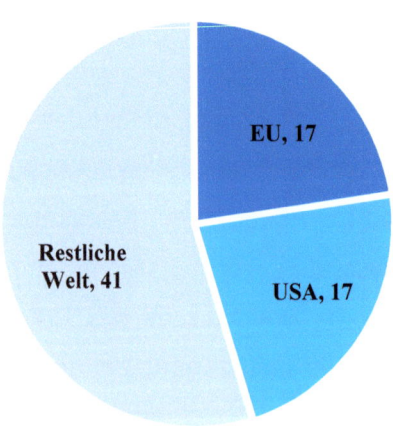

Wirtschaftsleistung BIP in Bio. US Dollar, Jahr 2013

Datenquelle: World Bank, 2015

Mehr noch stehen die USA und die EU für 60 Prozent aller ausländischen Direktinvestitionen (Welfens, Korus & Irawan, 2014). Vorrangiges Ziel des transatlantischen Abkommens ist die Sicherung der Wettbewerbsfähigkeit der Industriestaaten gegenüber den wachstumsstarken Schwellenländern wie China, Indien, Brasilien und Russland sowie die Schaffung von substantiellen Wachstumsimpulsen und Beschäftigungseffekten. Das soll insbesondere durch die Abschaffung von Zöllen, Harmonisierung von Standards und Reduzierung von Regulierungen erreicht werden. Abgesehen von hohen Spitzenzöllen für einzelne Sektoren, beispielsweise im Agrarsektor, liegen die Importzölle zwischen beiden Regionen mit 3% als Durchschnittswert schon sehr gering, daher steht der Abbau von nichttarifären Handelsbarrieren im Vordergrund.

Unter nichttarifären Handelsbarrieren sind jene Hürden gemeint, die das internationale Handeln behindern. In diese Kategorie fallen z.B. technische und rechtliche Vorschriften, Exportbeschränkungen durch Importquoten, Einfuhrsteuern, Embargos, Umwelt- und Sozialstandards, Qualitätsstandards, Verpackungs- und Bezeichnungsvorschriften und Local-Content Klauseln. Handelshemmnisse wie diese sind Maßnahmen im Rahmen einer protektionistischen Außenhandelspolitik, die inländische Produzenten vor der ausländischen Konkurrenz schützt. Jedoch führen Handelsbarrieren gesamtwirtschaftlich zu Wohlfahrtsverlusten für Nachfrager und ausländischen Exporteure. Zum einen entstehen für ausländische Unternehmen höhere Produktionskosten, weil z.B. in einem Land bestimmte Lebensmittelstandards erfüllt werden müssen. Zum anderen wird ausländischen Unternehmen der Zugang zu bestimmten Inlandsmärkten erschwert, was wiederrum zu einem geringen Wettbewerb in dem geschützten Marktsegment führt und somit zu höheren Inlandspreisen für die Verbraucher.

Die ECORYS-Studie Non-Tariff Measures in EU-US Trade and Investment von 2009 hat erstmals mittels Umfragen und Gravitationsgleichungen die Gewichtung von nichttarifären Handelshemmnissen als ad-valorem Zolläquivalente pro Sektor ermittelt (Welfens, Korus & Irawan, 2014; ECORYS, 2009). Die Studie ergab, dass der Lebensmittelsektor am stärksten von NTB betroffen ist, gefolgt von der Automobilindustrie und Pharmaindustrie. Demnach werden Güter aus Europa im Durchschnitt mit 25,4 Prozent Mehrkosten belastet. Die Studie zeigt, das Exporte aus der EU in die USA stärker durch

NTB betroffen sind als Exporte der USA in die EU. Demnach werden EU-Unternehmen bei Lebensmittelexporten in die USA mit zusätzlichen Kosten von 73,3 Prozent belastet.

Tab. 2-1: Non-Tariff Measures in EU-US Trade and Investment - An Economic Analysis for the European Commission (ECORYS, 2009)

Sektor	US-Güter in die EU	EU-Güter in die
Lebensmittel	56,8	73,3
Pharma/Chemieerzeugnisse	13,6	19,1
Maschinen	12,8	14,7
Automobil	25,5	26,8
Sonstiger Fahrzeugbau	18,8	19,1
Metalle	11,9	17
Holz-Papier	11,3	7,7
Durchschnitt (Güter)	**21,5**	**25,4**
...		
Durchschnitt (Dienstleistungen)	**8,5**	**8,9**

Die Harmonisierung der nichttarifären Handelsbarrieren stellt somit die eigentliche Herausforderung für beide Parteien dar. Durch die starken Unterschiede in den Qualitäts- und Sicherheitsbestimmungen in der Automobil- und Pharmaindustrie, entstehen den Unternehmen zusätzliche Kosten für die Erlaubnis, ihre Produkte auf der jeweils anderen Seite des Atlantiks anbieten zu dürfen. Die Harmonisierung der Standards und den damit verbundenen Einsparungen würde insbesondere kleinen und mittelständischen Unternehmen zu Gute kommen. Für multinationale Unternehmen soll der Investorenschutz und die damit verbundene Rechtssicherheit Vorteile bringen und damit Direktinvestitionen in beide Richtungen fördern. Ende 2009 beliefen sich die US-Investitionen in Europa auf $2 Billionen, während in Deutschland die US-Investitionen von rund 8% in den vergangenen Jahren auf 5% in 2011 abgenommen haben (ifo-Institut, 2013). Trotz wachsender US-Investitionen in

Asien, bleibt Europa mit 56% des gesamten Bestandes die wichtigste Region für amerikanische Direktinvestitionen. Aus Europa wurden in den vergangenen zehn Jahren Investitionen von durchschnittlich über 70% in die USA getätigt. Der Umsatz von EU-Tochterfirmen in den Vereinigten Staaten ist dreimal so hoch wie die EU-Exporte Richtung USA, somit zeigt sich die Bedeutung der transatlantischen Direktinvestitionen für das Abkommen (Welfens, Korus & Irawan, 2014).

Im Vergleich zu anderen in der vergangenen Zeit abgeschlossenen bilateralen Abkommen ist beim dem transatlantischen Freihandelsabkommen aufgrund der Wirtschaftskraft der beteiligen Parteien mit viel größeren Effekten für Wohlfahrt, Wachstum oder Beschäftigung zu rechnen. Die EU und die USA repräsentieren jeweils für einander die wichtigsten Handelspartner. Aus Abb. 2-3. wird deutlich, dass die Vereinigten Staaten auch im Jahre 2013 weiterhin einer der größten Abnehmer für aus der EU-28 ausgeführte Waren ist. Dennoch fiel der Anteil der EU-28-Ausfuhren in die Vereinigten Staaten von 26,4 % der Gesamtausfuhren im Jahr 2003 auf 16,6 % im Jahr 2013 (Eurostat, 2013).

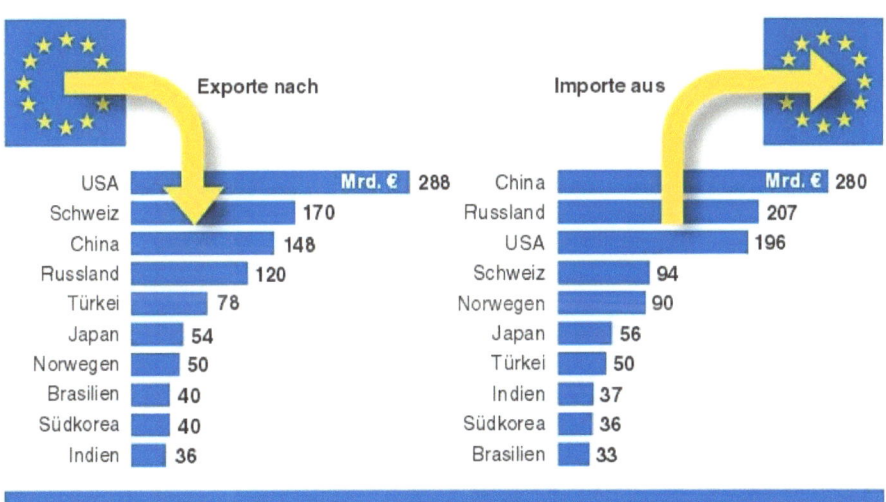

Abb. 2-3: Wichtigste Handelspartner der EU-28; *Eurostat 2013*

Grafik: Dpa Globus, 2014

Auch für Deutschland ist die USA der wichtigste Handelspartner für Exporte außerhalb der Europäischen Union. 80% der deutschen Exporte in die USA kommen aus den Industriesektoren, wobei Kraftwagen und Kraftwagenteile mit einem Anteil von 28,5 % und Maschinen mit einem Anteil von 17,2 % fast die Hälfte der Gesamtexporte von Deutschland ausmacht. 18% der Exporte kommen aus dem Dienstleistungssektor, wohingegen pharmazeutische Erzeugnisse mit 9,4 % und der Agrarsektor mit 1,5% eine untergeordnete Rolle spielen. Auch bei der Zusammensetzung der amerikanischen Exporte nach Deutschland sind die Industriesektoren mit einem Anteil von 65% der Gesamtexporte prägnant. Zudem exportiert die USA einen Anteil von 31% aus dem Dienstleistungssektor nach Deutschland (ifo-Institut, 2013).

Demgegenüber ist China der wichtigste Handelspartner für Importe der EU-28 und auch für Deutschland. Die Bedeutung der großen Schwellenländer zum gesamten Außenhandel ist in den letzten Jahren stetig gestiegen. Durch das rasante Wachstum in den großen Schwellenländern wie China, wird die USA mittelfristig ohne die Liberalisierungsmaßnahmen als wichtiger Handelspartner für den Export von China verdrängt.

2.2.2 Zentrale Verhandlungsobjekte

Die Verhandlungen zum transatlantische Freihandelsabkommen finden weitgehend hinter verschlossenen Türen statt, daher lässt sich über den Verhandlungsinhalt und deren Verlauf nur mutmaßen. Die Europäische Kommission verhandelt auf der Basis des Verhandlungsmandats und vertritt somit die Interessen und Vorgaben aller 28 EU-Mitgliedstaaten. Zum Auftakt der fünften Verhandlungen veröffentliche die Kommission auch einige Positionspapiere zum TTIP, die im groben die zentralen Verhandlungsinhalten verraten (BMWi, 2013).

Im Verhandlungsmandat formuliert die EU-Kommission folgende Schwerpunkte:

1) Marktzugang

    a) Abschaffung von Zöllen

Vollständige Abschaffung der Zölle von industriellen und landwirtschaftlichen Erzeugnissen und anschließend einen schrittweisen zügigen Abbau aller Zölle, wobei die sensibelsten Erzeugnisse gesondert behandelt werden.

b) Ursprungsregeln

Annährung der Ursprungsregeln der EU und der USA unter gleichzeitiger Berücksichtigung und Bewahren der Interessen von Herstellern. Dieser Bereich umfasst unter anderem die Frage, wie viel Prozent eines Produktes muss aus der EU stammen, um zollfrei in die USA eingeführt zu werden und umgekehrt.

c) Antidumping und Ausgleichsmaßnahmen

Das Abkommen soll eine Klausel beinhalten, die weiterhin beide Vertragsparteien das Ergreifen von Maßnahmen gegen Dumping- und/oder Ausgleichssubventionen im Einklang mit WTO Prinzipien ermöglicht.

d) Schutzmaßnahmen

Erleidet ein heimischer Wirtschaftszweig durch einen starken Anstieg von Importen Schaden, kann trotz der weitgehenden Liberalisierungsverpflichtungen die Vertragspartei gemäß einer bilateralen Schutzklausel Präferenzen ganz oder teilweise entziehen.

e) Erleichterung des Marktzugangs für Dienstanbieter

Die gegenseitige Anerkennung von Zulassungs- und Qualifikationserfordernissen sowie den Berufsqualifikationen. Ziel ist es, dass Dienstleister aus der EU in den USA zu den gleichen Bedingungen tätig werden können wie US-Dienstanbieter und umgekehrt ohne die Beeinträchtigung von Rechts-und Verwaltungsvorschriften der Arbeitsbedingungen in der EU.

f) Gleichbehandlung von Tochtergesellschaften und Zweigniederlassungen

Die Vertragsparteien verpflichten sich ausländische Gesellschaften und Niederlassungen nicht zum Vorteil eigener Gesellschaften im Land zu diskriminieren.

d) Öffentliche Daseinsvorsorge der EU

Die Qualität der öffentlichen Daseinsvorsorge in der EU, das heißt die Bereitstellung von wirtschaftlichen, sozialen und kulturellen Dienstleistungen für Bürger der EU, soll gemäß AEUV, insbesondere dem Protokoll Nr. 26 gewahrt werden. Dieses Kapitel bezieht sich auf die Frage der Privatisierung von bestimmten Dienstleistungen, die sich in der öffentlichen Hand der EU-Mitgliedsstaaten befinden.

Dienstleistungen gemäß Artikel I Absatz 3 des GATS-Abkommens, die sich in hoheitlicher Gewalt befinden sowie audiovisuelle Dienste sind von den Verhandlungen ausgeschlossen.

GATS § 3 Abs. 1: GATS umfasst alle Dienstleistungen mit Ausnahme solcher Dienstleistungen die im Rahmen staatlicher Zuständigkeit erbracht werden. Dienstleistungen die im Rahmen staatlicher Zuständigkeit erbracht werden, werden definiert als Dienstleistungen die weder zu kommerziellen Zwecken noch im Wettbewerb mit einem oder mehreren Dienstleistungserbringern erbracht werden.

Das GATS (General Agreement on Trade in Services) ist ein multilaterales Handelsabkommen der Welthandelsorganisation (WTO) aus dem Jahre 1994, das den weltweiten Handel mit Dienstleistungen regelt. Dienstleistungen im Sinne des Artikel I Absatz 3 des GATS-Abkommens sind hoheitliche Aufgaben, wie sie im Bereich der Verwaltung, Justiz und der Polizei zu finden sind. Zur öffentlichen Daseinsvorsorge und damit laut Mandat Verhandlungsinhalt gehört die Abfallentsorgung, Wasser- Energieversorgung, Öffentliche Verkehrsmittel sowie Bildungs-und Kultureinrichtungen.

Die EU-rechtlichen Rahmenbedingungen für öffentliche Dienstleistungen sind gemäß AEUV (Vertrag über die Arbeitsweise der Europäischen Union) geregelt und wurden durch den Vertrag von Lissabon (Änderung des Vertrags über die Europäische Union und des Vertrags zur Gründung der Europäischen Gemeinschaft) modifiziert. Die AEUV definiert die vertragsrechtliche Stellung von Dienstleistungen von allgemeinem Interesse. In der AEUV wird keine genaue Definition gegeben, was unter Diensten von allgemeinem Interesse zu verstehen ist, grundsätzlich haben die EU-Mitgliedsstaaten Gestaltungsfreiheit bei der Bestimmung was eine Dienstleistung von allgemeinem Interesse ist. Doch wurde im Artikel 14 Satz 1 AEUV und durch die Hinzufügung von Protokoll Nr. 26 die Bedeutung und Anerkennung der regionalen und lokalen Selbstverwaltung bei der Erbringung und Organisation von Dienstleistungen von allgemeinem Interesse festgehalten. So besagt eine neue Vorschrift im Vertrag von Lissabon: „Die Union achtet die Gleichheit der Mitgliedstaaten vor den Verträgen und ihre jeweilige nationale Identität, die in ihren grundlegenden politischen und verfassungsmäßigen Strukturen einschließlich der regionalen und lokalen Selbstverwaltung zum Ausdruck kommt (Krajewski & Kynas, 2014).

2) Investitionsschutz

Ausweitung und Schutz von Investitionen einschließlich Bereiche gemischter Zuständigkeit wie Portfolioverwaltung, Eigentums- und Enteignungsaspekte auf Grundlage des höchsten Liberalisierungsniveaus sowie Verhandlungen über Streitbeilegung zwischen Investor und Staat. Es wird ein höchstmögliches Maß an Rechtsschutz und Sicherheit für Investoren angestrebt, um den EU-Raum für ausländische Investoren attraktiver zu machen. Die Politik und die kulturelle Vielfalt der EU-Mitgliedsstaaten soll dabei Rechnung getragen werden. Der Geltungsbereich des Investitionsschutzkapitels des Abkommens gilt für alle Investoren und Investitionen unabhängig davon, ob die Investitionen vor oder nach dem Inkrafttreten des Abkommens getätigt wurden.

Das Kapitel umfasst das absolute Schutzrecht vor unrechtmäßigen Enteignungen sowie das Recht auf unverzügliche, angemessene und effektive Entschädigung sowie andere Schutzbestimmungen wie der Schirmklausel (umbrella clause) (Klodt, H.et al., 2014).

Die sogenannte Schirmklausel umfasst dabei folgendes:

Die Vertragspartei, d.h. der Gaststaat, verpflichtet sich gegenüber Investoren, die Staatsangehöriger der anderen Vertragspartei sind, dazu, sämtliche Verpflichtungen, die er gegenüber dem Investor eingegangen ist, einzuhalten. Jeder Vertragsbruch stellt dabei einen Verstoß gegen das völkerrechtliche Investitionsschutzabkommen dar und eröffnet damit den Zugang zu den dort vorgesehen internationalen Streitbeilegungsmechanismen. In wie weit neben vertragliche Verpflichtungen des Gaststaates auch nationale Gesetze und Verwaltungshandeln in den Schutzbereich fallen, ist bislang nicht geklärt und hängt zum Teil von der Vertragsauslegung bzw. Gestaltung des jeweiligen Investor – StaatsVertrages ab.

3) Öffentliches Beschaffungswesen

Das Abkommen strebt einen über das öffentliche Beschaffungswesen hinausgehenden Geltungsbereich an. Mit dem Ziel, das öffentliche Beschaffungswesen im Versorgungsbereich auf allen Ebenen zu öffnen (national, regional und lokal). Insbesondere soll Diskriminierung zwischen EU- und US-Anbietern bei öffentlichen Ausschreibungen verhindert werden. In der englischen Version des Mandats heißt es:

„The Agreement will aim at enhanced mutual access to public procurement markets at all administrative levels (national, regional and local), and in the fields of public utilities, covering relevant operations of undertakings operating in this field and ensuring treatment no less favorable than that accorded to local suppliers." (Die Europäische Kommission, 2013a).

Der Ausdruck „in the fields of public utilities", umfasst die öffentliche Daseinsvorsorge im Bereich Energie-und Wasserversorgung. Die Europäische Kommission erklärte, dass die Wasserversorgung kein Bestandteil der TTIP-Verhandlungen darstellt und sie horizontale Vorbehalte ähnlich wie im GATS-Abkommen geltend machen, welche EU-Monopole für die öffentliche Daseinsvorsorge auf allen Verwaltungsebenen bis hin zur Gemeindeebene bewahrt (Die Europäische Kommission, 2013c). Zudem findet die „public utilities clause" oft ihre Verwendung, die besagt: *„In sämtlichen EU-Mitgliedstaaten können Dienstleistungen, die auf nationaler oder örtlicher Ebene als öffentliche Aufgaben betrachtet werden, staatlichen Monopolen oder ausschließlichen Rechten privater Betreiber unterliegen."* .

Die Ausgestaltung der öffentlichen Dienstleistungen liegt im Ermessen des Staates, was sich ebenfalls im GATS-Abkommen wiederspiegelt. In wieweit öffentliche Dienstleistungen von Liberalisierungsverpflichtungen eines Handelsabkommens erfasst werden, hängt gemäß GATS-Abkommen davon ab, ob sie nach dem Positivlisten-Ansatzes oder eines Negativlisten-Ansatzes formuliert werden. Das bedeutet, dass bestimmte Dienstleistungen von den Liberalisierungsverpflichtungen ausgeschlossen sind, es sei denn sie werden ausdrücklich im Abkommen (in einer Liste im Anhang) positiv aufgeführt. Der Ansatz der Negativliste dagegen bedeutet, dass alle öffentlichen Dienstleistungen, die nicht ausdrücklich von den Verhandlungen ausgeschlossen sind, den Liberalisierungsverpflichtungen unterliegen.

4) Abbau nichttarifärer Handelshemmnisse und Annährung von Standards

Annährung und gemeinsame Gestaltung von technischen Vorschriften, Normen und Konformitätsbewertungsverfahren im Bereich Gesundheit, Pflanzenschutz, Informations- und Kommunikationstechnologien sowie von Finanzdienstleistungen.

5) Rechte des geistigen Eigentums

Ziel ist Innovationen zu unterstützen und einen besseren Schutz und eine stärkere Anerkennung der geografischen Herkunftsangaben der EU, wie z.B. „Champagne", die in Europa besonders geschützt sind, zu gewährleisten. Verhandlungen über ergänzende Regelung zum TRIP-Abkommen (Agreement on Trade-Related Aspects of Intellectual Property Rights) der WTO von 1994.

6) Arbeits-und umweltrechtliche Standards

Wirksame Anwendung von Normen im Umweltbereich zur Förderung von umweltfreundlichen Waren sowie Übernahme von grundlegenden Prinzipien und Rechtsvorschriften zu Arbeitsbedingungen. Umsetzung der Kernarbeitsnormen der Internationalen Arbeitsorganisation (IAO) sowie von Standards über soziale Verantwortung von Unternehmen.

7) Staatlichen Monopole und staatlichen Unternehmen

Bestimmungen zur Wettbewerbspolitik und staatlichen Beihilfen. Damit wird die öffentliche Daseinsvorsorge, was wiederum durch staatliche Monopole gekennzeichnet ist, auch hier von den Verhandlungen erfasst.

8) Energie und Rohstoffe

Sicherstellung des unbeschränkten und nachhaltigen Zugangs zu Rohstoffen. Eine entsprechende Vereinbarung über die Freigabe von US-Gasexporten Richtung EU ist sehr wahrscheinlich. USA benutzt die Methode des Fracking zur Öl und Gasgewinnung.

Dabei wird Gas- und Ölvorkommen aus Gesteinsschichten durch Gemisch aus Chemikalien, Wasser und Sand aufgebrochen und entnommen. Das Gemisch wird unter Hochdruck in ein L-förmiges Bohrloch gepresst und kann dabei das Grundwasser verunreinigen und giftige Abgase freisetzen.

9) Kapitalverkehr und Zahlungen

Vollständige Liberalisierung des Kapitalverkehrs einschließlich einer Stillhalteklausel. Sensibilitäten und Ausnahmeregelungen beim Kapitalverkehr, die nicht mit Direktinvestitionen zusammenhängen, werden bei den Verhandlungen berücksichtigt.

10) Regulatorische Kohärenz

Es wird ein „lebendiges Abkommen" angestrebt mit dem Ziel, zukünftige Standards und Regelungen kooperativ mit den USA abzustimmen.

3 Erwartete wirtschaftliche Auswirkungen von TTIP

Für die beiden Wirtschaftsregionen steht einiges auf dem Spiel. Die mehrjährige und andauernde Eurokrise mit der Schuldenkrise Griechenlands könnte für die Eurozone bald schon in einer größeren Krise enden, von Spanien und Italien ausgehend, schon bald auch Frankreichs und Deutschlands Wirtschaftsentwicklung Richtung Rezession bewegen. Die wirtschaftlichen Prognosen für die Eurozone sind schlecht. Frankreichs Arbeitslosigkeit ist im Jahre 2015 auf einen Rekordhoch mit rund 3,496 Millionen Menschen ohne Job (Spiegel Online, 2015). Das Haushaltsdefizit der Franzosen wird in den kommenden Jahren weiter wachsen. Der EU-Stabilitätspakt erlaubt höchstens eine Neuverschuldung von drei Prozent. Für die Erreichung der Defizitgrenze von 3% wurden Frankreich zwei Jahre Aufschub von der EU-Kommission gewährt.

Tab. 3-1: Gesamtschulden ausgewählter EU-Länder (in % des BIP)

	2012	2013	2014*	2015*	2016*
Belgien	104,0	104,5	106,4	106,8	106,6
Schweden	36,4	38,6	41,4	41,3	40,6
Dänemark	45,6	45,1	45,0	42,7	43,6
Deutschland	79,0	76,9	74,2	71,9	68,9
Italien	122,2	127,9	131,9	133,0	131,9
Finnland	53,0	56,0	58,9	61,2	62,6
Frankreich	89,2	92,2	95,3	97,1	98,2
Griechenland	156,9	174,9	176,3	170,2	159,2
Großbritannien	85,8	87,2	88,7	90,1	91,0
Irland	121,7	123,3	110,8	110,3	107,9
Spanien	84,4	92,1	98,3	101,5	102,5

*Schätzung; Quelle:Tagesschau.de

Der Internationale Währungsfonds prognostiziert für den EU-Währungsraum nur noch einen Anstieg des Bruttoinlandsprodukts von 1,2 Prozent und für 2016 von 1,4 Prozent. Für Deutschland wurden die anfänglichen guten Prognosen der EU-Kommission für das Wirtschaftswachstum für das Jahr 2015 deutlich nach unten reduziert (Focus Online, 2015).

Tab. 3-2: Wirtschaftswachstum ausgewählter EU-Länder

(in % im Vorjahresvergleich)

	2012	2013	2014*	2015*	2016*
Belgien	+0,1	+0,3	+1,0	+1,1	+1,4
Schweden	-0,3	+1,3	+1,8	+2,3	+2,6
Dänemark	-0,7	-0,5	+0,8	+1,7	+2,1
Deutschland	+0,4	+0,1	+1,5	+1,5	+2,0
Italien	-2,3	-1,9	-0,5	+0,6	+1,3
Finnland	-1,5	-1,2	0,0	+0,8	+1,4
Frankreich	+0,3	+0,3	+0,4	+1,0	+1,8
Griechenland	-6,6	-3,9	+1,0	+2,5	+3,6
Großbritannien	+0,7	+1,7	+2,6	+2,6	+2,4
Irland	-0,3	+0,2	+4,8	+3,5	+3,6
Spanien	-2,1	-1,2	+1,4	+2,3	+2,5

Schätzung   Quelle: Tagesschau.de

Laut dem IWF kann Deutschland mit einen Wirtschaftswachstum von 1,3 Prozent rechnen. Im Gegenzug kann die USA für das Jahr 2015 ein Wirtschaftswachstum von 3,6 Prozent erwarten. Im Vorjahr lag das Wachstum der USA bei 3,1 Prozent. Das schwache Wachstum in der EU ist ein guter Grund für die Europäische Union das transatlantische Freihandelsabkommen mit den USA zügig und erfolgreich abzuschließen.

3.1 Handelsschaffung – und Wohlfahrtseffekte

Während der jahrelangen TTIP-Verhandlungen wurden mittels verschiedener Studien, auch im Auftrag der EU-Kommission, versucht, die möglichen ökonomischen Auswirkungen eines erfolgreichen Freihandelsabkommen zu simulieren. Die Studien über die Wohlfahrtseffekte von TTIP basieren im Wesentlichen auf zwei Modelltypen: zum einen auf numerische allgemeine Gleichgewichtsmodelle (CGE-Modelle) und zum anderen auf Gravitationsmodellen. CGE Modelle sind eine wissenschaftliche Standardmethode zur Analyse von internationalen Handelsströmen und deren wechselseitige Wirkungen auf allen Bereichen der Volkswirtschaft. Das Modell simuliert dabei einen hypothetischen künftigen Gleichgewichtspunkt, dieser wird dann mit der Ausgangslage verglichen (Die Europäische Kommission, 2013b). Der Ursprung des Gravitationsmodells liegt in der Naturwissenschaft, sie erklären bilaterale Handelsströme von Gütern mit Berücksichtigung von Angebots-und Nachfragefaktoren im Herkunfts- und Zielland. Einflussgrößen sind unter anderem das Bruttoinlandsprodukt und die Annahme, dass sich das BIP eines Landes positiv proportional zu dessen Außenhandelsaktivitäten verhält, sowie die Größe der Volkwirtschaft und die Entfernung zwischen den Ländern.

Die Bertelsmann-Stiftung sowie die ifo-Studie, die im Auftrag des Bundesministeriums für Wirtschaft und Technologie tätig wurde, nutzen für ihre Berechnungen das Gravitationsmodell, während das Centre for Economic Policy Research (CEPR) in London im Auftrag der EU-Kommission das CGE-Modell verwendet. Die Studienergebnisse variieren, je nachdem, welches Modell zur Simulation genutzt wurde, sowie von den unterschiedlichen Ausgangslagen bezgl. der Marktformen und Annahmen über das Ausmaß des Abbaus von nichttarifären Handelshemmnissen. Während Studien mit CGE-Modellen sehr geringe Wohlfahrtseffekte ermitteln (½% bis 1% des BIP), versprechen Ergebnisse mit Gravitationsmodellen dagegen stärkere Wohlfahrtseffekte (Steigerung der Realeinkommen in der EU um 5% und in den USA um 13,4%). Die Anpassungsprozesse werden in den Studien hingegen kaum beachtet und auch das Zusammenwirken von Handel und Direktinvestitionen findet in den bisherigen Ergebnissen wenig Beachtung, zumal die USA und die EU für einander wichtige Investitionsstandorte bilden.

Bei den Wohlfahrtseffekten eines TTIP-Abkommens ist ebenfalls zu beachten, dass der Handel zwischen den USA und Deutschland bzw. der EU weitgehend intraindustrieller Natur ist. Dies zeigt der Grubel-Lloyd Indizes nach Herbert Grubel und Peter Lloyd. Dieser gibt an, inwieweit zwei Volkswirtschaftlichen gleichartige Güter und Dienstleistungen untereinander exportieren bzw. importieren. Dieser liegt zwischen den USA und Deutschland bei 0,73 und für die USA und der EU bei 0,90 (ifo-Institut, 2013). Das bedeutet, dass Güter und Dienstleistungen in den USA und Europa stark miteinander konkurrieren und sich gegenseitig ersetzen können. Für den Konsumenten bedeutet intraindustrieller Handel mehr Produktvielfalt und günstige Preise durch die Wettbewerbsintensivierung und den damit verbundenen Kosten-und Innovationsdruck, den heimische Anbieter durch die Exporte ausgesetzt sind. Der Intrafirmenhandel zwischen den USA und Deutschland (d.h. Handel innerhalb verbundener Firmen) ist besonders im Automobil, Chemie und Maschinenbau Sektor sehr hoch.

Einer der ersten Studien, die die Wohlfahrtseffekte eines möglichen transatlantischen Freihandelsabkommens untersuchte, ist die Studie von Erixon und Bauer aus dem Jahre 2010 für European Centre For International Political Economy. Die Studie konzentriert sich dabei auf ein Szenario, den völligen Abbau der Zölle. Die Studie vernachlässigt die nichttarifären Handelshemmnisse und die sonstigen Verhandlungspunkte des TTIP-Abkommens wie beispielsweise die Dienstleistungsliberalisierung. Erixon untersucht dabei, wie sich ein völliger Abbau der Zölle auf den Handel auswirkt. Die Exporte von der EU in die USA steigen um 7% (28 Mrd. $) statisch sowie um 18% dynamisch. Das Exportvolumen der USA in die EU steigt um 8% statisch (23 Mrd. $) bis zu 17% dynamisch. Das Mehr an Handel lässt die Arbeitsproduktivität um 3,5% in allen Sektoren steigern, die durch einen hohen Anteil von intraindustriellen Handel gekennzeichnet sind, sowie 2% Steigerung in allen anderen Sektoren. Mit einer erhöhten Produktivität steigt auch das Einkommen in statischer Sicht um 0,1% und 5% in dynamischer Sicht der EU-Bürger. In den USA führt ein reiner Zollabbau zu Einkommenszuwächsen von 0,15% statisch und von 1% dynamisch nach einem mehrjährigen Anpassungsprozess. Erixon prognostiziert auf Basis des CGE-Modells ein

Wachstum des Bruttoinlandsproduktes 0,47% für die EU und 1,33% für die USA nach mehreren Jahren nach Abschluss des Abkommens.

Neben der reinen Zolleliminierung von Enxrion und Bauer wurden in den jüngsten Studien die Wohlfahrtseffekte unter verschiedenen Liberalisierungsszenarien untersucht. In der ifo-Studie, CEPR-Studie von Francois, ECORYS und der OECD-Studie aus den Jahren 2009 und 2013 werden die Realeinkommenszuwächse unter eingeschränkter Liberalisierung sowie unter umfassender Liberalisierung betrachtet. Bei einer umfassenden Liberalisierung wird neben den Zöllen auch der Abbau von nicht-tarifären Handelsbarrieren von mindestens 25% berücksichtigt, während beim zweiten Szenario der eingeschränkten Liberalisierung eine reine Zollsenkung angenommen wird.

Tab. 3-3: Einkommenszuwächse auf Basis des BIP verschiedener Studien

*27 EU-Mitgliedsstaaten

Studie		Eingeschränkte Liberalisierung	Umfassende Liberalisierung
Ifo-Institut	Deutschland	0,24 %	4,70 %
(Gravitationsmodell)	EU27*	0,27 %	4,95 %
	USA	0,75 %	13,40 %
CEPR Francois	EU27*	0,10 %	0,48 %
(CGE-Modell)	USA	0,04 %	0,39 %
ECORYS	EU27*	0,32	0,72 %
(CGE-Modell)	USA	0,13	0,28 %
OECD	EU27*	3,00 %	3,50 %
(CGE-Modell)	USA	3,00 %	3,50 %

Die ifo-Studie leitete auf Basis existierender Freihandelsabkommen und deren Handelseffekte Schätzungen für die Effekte des TTIP-Abkommens ab und machte diese mit Hilfe des Gravitationsmodells quantifizierbar. Die Studie hat sich bewusst von der herkömmlichen CGE-Modell Methode abgewandt und wählte einen völlig anderen Modellansatz einer neo-keynesianischen Arbeitsmarktsituation mit eingebauter Sucharbeitslosigkeit. Demnach werden auf Basis existierender Freihandelsabkommen langfristige Handelsschaffungszuwächse von mindestens 67% erwartet und durch weitere Modellierung ein Zuwachs des Handels zwischen den EU-Mitgliedsländern und der USA von etwa 79% errechnet. Die Wohlfahrtseffekte gemessen am Realeinkommen nehmen im globalen Durchschnitt laut ifo-Studie um etwa 3,3% langfristig zu. Durch den verstärkten Handel mit den USA steigt das Einkommen bei einer umfassenden Liberalisierung in Deutschland um 4,7% an.

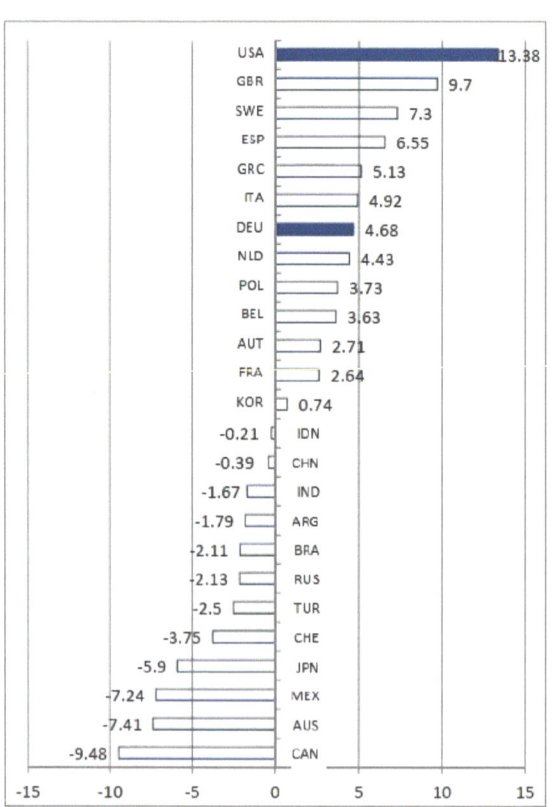

Abb. 3-1: Wohlfahrtseffekte einzelner Länder bei umfassender Liberalisierung

Grafik: ifo-Studie, 2013

Einkommenszuwächse der USA sind laut ifo-Studie mit respektive 13,4% besonders hoch, während Länder, mit denen entweder die EU oder die USA bereits Freihandelsabkommen unterhalten, beispielsweise Kanada – 9,48 % und Mexiko – 7,24 %, mit Einkommensverlusten rechnen müssen; siehe Abb. 3-1. Diese Verluste sind auf starke Handelsumlenkungseffekte zurückzuführen. Auch die BRIC-Staaten verzeichnen Verluste von -0,39 bis – 2,13 %. Durch verlagerte Handelsströme sinken die Importe aus den BRIC-Ländern. Die geringen Handelskosten lassen die heimischen Preise sinken, wodurch Exporte in Drittländer zunehmen.

Die Handelsschaffung bei eingeschränkter Liberalisierung fällt gegenüber einer umfassenden Liberalisierung mit 5,8% im Durchschnitt wesentlich kleiner aus. Da der Durchschnittszoll auf Importe aus der EU und den USA bei 2,8% schon sehr gering liegt, sind die langfristigen Wohlfahrtszuwächse für die EU-Mitgliedsstaaten mit weniger als 0,3% und für die USA mit 0,75% Zuwachs unbedeutend.

Die Wohlfahrtseffekte bei einem 25% Abbau von NTB fallen gegenüber einer reinen Zolleliminierung 23-mal höher aus. Die Länder in der EU, siehe Abb. 3-2, die ein hohes Handelsaufkommen mit den USA unterhalten, wie Großbritannien und Schweden, profitieren am ehesten. Auch EU-Staaten, die ihre wichtigen Handelspartner innerhalb der EU verzeichnen, werden durch den vermehrten Handel mit den USA durch die erhöhte innereuropäische Nachfrage an Vorleistungsimporten profitieren.

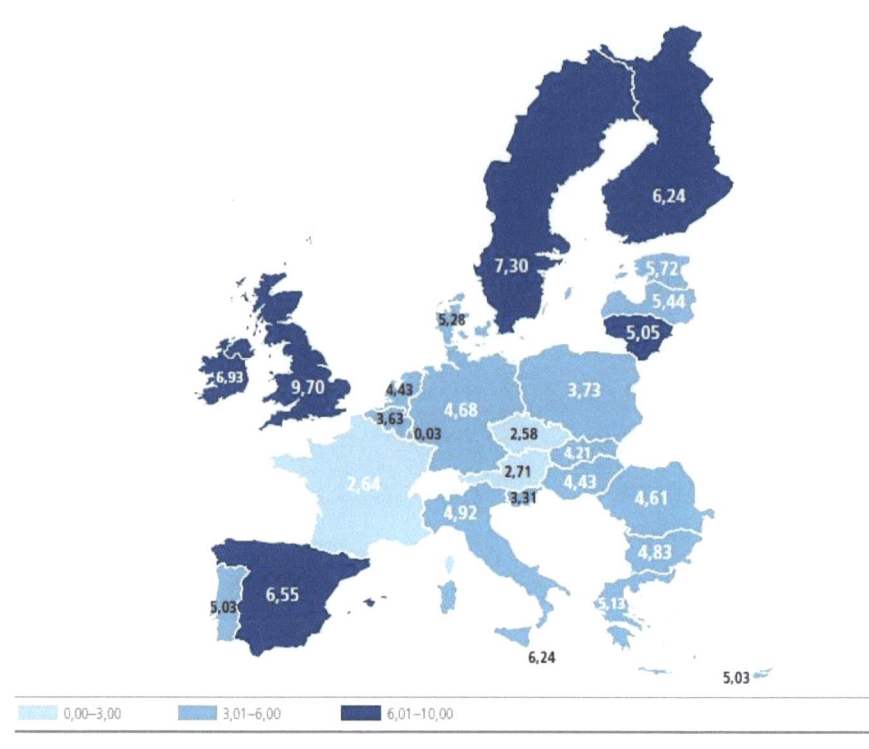

Abb. 3-2: Einkommenszuwächse bei umfassender Liberalisierung in EU27

Grafik: Bertelsmann Stiftung, 2013

In der Baltikum-Region kommt es vermehrt zur internationalen Arbeitsteilung (Outsourcing). Somit ergibt sich, dass Länder mit derzeit niedrigeren Pro-Kopf-Einkommen stärker von fallenden Handelskosten profitieren als Länder mit hohen Einkommen. Frankreich sticht im Vergleich zu anderen EU-Staaten mit nur 2,64% Einkommensgewinnen heraus, dies ist auf den sehr geringen Handel mit den USA zurückzuführen. Der stärkste Handelspartner für Frankreich ist derzeit Deutschland.

Die CEPR-Studie arbeitet mit dem CGE-Modell mit der Simulationssoftware GTAP als Datenquelle. Die Studie arbeitet unter Annahme einer unvollständigen Konkurrenz (Oligopol) als Wettbewerbssituation. Bei einer umfassenden Liberalisierung ergibt sich für die Europäische Union 70,82 Mrd. Dollar an Wohlfahrtsgewinnen im Jahr. Demnach wäre der Wohlfahrtsgewinn für die EU größer als für die USA mit 58,4 Mrd. Dollar im Jahr. Daraus ergibt sich ein Einkommensplus von 545€ für eine vierköpfige Familie in der EU pro Jahr sowie ein Plus von 655€ für eine Familie in den USA. Im Hinblick auf die Einwohnerzahl der USA mit 319 Millionen Einwohner und der EU mit 507 Millionen Einwohner und deren Einsparungen durch sinkende Verbraucherpreise. Das weltweite Einkommen steigt um 100 Mrd. Dollar. Die Einkommensgewinne resultieren aus der vermehrten Handelsschaffung zwischen den USA und der EU. EU Exporte steigen langfristig um 28% (187 Mrd. $).

Resultierend aus den Ergebnissen steigt das Bruttoinlandsprodukt der EU um 0,48 % (119,2 Mrd. €) sowie der USA um 0,39% (94,9 Mrd. €). Für Drittländer ist ein Zuwachs des Einkommens von 0,14% prognostiziert. Francois geht anders wie in der ifo-Studie nicht von Negativeffekten für Drittländer aus. Besonders ASEAN Länder profitieren von dem Abbau der nichttarifären Handelsbarrieren und den resultierenden sinkenden Verbraucherpreisen in den beiden Wirtschaftsregionen. Durch Handelsumlenkungseffekte ergeben sich größere Exportchancen für den asiatischen Raum. Bei einer eingeschränkten Liberalisierung ist die Produktivität durch die auferlegten Handelsbarrieren geringer, somit fallen auch die Einkommenszuwächse kleiner aus. Ein zusätzliches Einkommen von 12,9 Mrd. € für EU-Bürger und 5,1 Mrd. € für US-Bürger ist bei einer reinen Zolleliminierung möglich. Laut Studie ergeben sich 80% der Wohlfahrtsgewinne aus dem Abbau von nichttarifären Handelsbarrieren.

Die ECORYS im Auftrag der Europäische Kommission von 2009 errechnete ein Zuwachs des Bruttoinlandsproduktes der EU von 0,7% (158 Mrd. $) bei einer umfassenden Liberalisierung sowie 0,3 % (53 Mrd. $) für die USA. Das Haushaltseinkommen steigt in der EU um 0,8%, demnach hätten Haushalte langfristig 12.300€ zusätzliches Einkommen zur Verfügung. In den USA steigt das Einkommen um 0,3% (6.400€ pro Haushalt).

Die OECD-Studie (2013) steht mit ihren Prognosen von jeweils 3 – 3,5 % Wohlfahrtsgewinnen jeweils für USA und der EU im Kontrast zu den anderen Studien. Auch die OECD nutzt seit Jahren das bewährte CGE-Modell für ihre ökonomischen Schätzungen. Worauf die OECD-Studie ihre erhöhten Prognosen stützt, ist nicht ersichtlich.

Die CGE-Modell-Studien sehen die Europäische Union längerfristig als Gewinner bei einem Abschluss der Transatlantischen Freihandelszone, während die ifo-Studie der USA höhere Wohlfahrtsgewinne zuspricht. Alle Studien prognostizieren auch bei umfassender Liberalisierung einen geringen Anstieg des BIP zwischen 0,3 – 1,3%. Weiter ist anzumerken, dass alle Prognosen auf einem Zeitraum von 10 – 20 Jahren ausgelegt sind. Die kurzfristigen Effekte sind mit weniger als 0,05 % p.a. daher äußerst gering. Das CGE-Modell ist in den letzten Jahren vermehrt in die Kritik geraten, da alle Schätzungen auf Basis von unrealistischen Annahmen wie Vollbeschäftigung und ausgeglichenen öffentlichen Haushalten errechnet werden. Die in den Modellen verwendeten Preiselastizitäten sind teilweise höher angesetzt als in einschlägiger makroökonomischer Literatur üblich ist (Raza; Werner et al., 2014). Dabei gilt je höher die angenommenen Werte für die Elastizitäten angesetzt werden, desto höher fallen die geschätzten Gewinne für Exporte und Einnahmen aus. Das Gleiche gilt für die Quantifizierung von nichttarifären Handelsbarrieren, die sich durch amtliche Vorschriften und indirekte Hürden aus den unterschiedlichen Sprachen, Kulturen und Währungen etc. ergeben.

Auch das neuartige Modell des ifo-Instituts ist nicht frei von methodischen Schwächen. Die Studie arbeitet hauptsächlich mit Vergleichsdaten aus vorhandenen Freihandelsabkommen und geht von Wohlfahrtsverlusten für Drittländer wie Kanada, Australien und Mexiko aus, die doppelt so hoch sind, wie deren Verluste aus der Finanzkrise von 2008 (Die Europäische Kommission, 2013b). Kritik gibt es auch für die Annahme von einem 25% Abbau der nichttarifären Handelsbarrieren des TTIP-Abkommens, der als Basis für die Berechnungen der Wohlfahrtsgewinne angenommen wird. Kritiker sind der Meinung, dass ein 25% Abbau von NTB angesichts der schwierigen Verhandlungen zu hoch gegriffen ist. Am Beispiel der Prognosen zu den Auswirkungen des im Jahre 1994 abgeschlossenen North Atlantic Free Trade Agreements (NAFTA) zeigt, dass die positiven Effekte auf Wohlstand, Löhne und Arbeitsplätze tendenziell überschätzt werden. Die vor 20 Jahren durchgeführten Studien zeigen eine starke Diskrepanz zwischen den Prognosen und den tatsächlich beobachteten Auswirkungen in Mexiko, Kanada und USA (Raza; Werner et al., 2014).

Grundsätzlich stellt sich auch die Frage, ob die Wohlfahrtseffekte von TTIP auf Basis des Bruttoinlandsproduktes oder Bruttonationalproduktes am sinnvollsten gemessen werden. Das Bruttonationalprodukt umfasst zusätzlich das Erwerbs- und Vermögenseinkommen. Dies ist besonders erwähnenswert im Hinblick auf die Direktinvestitionen im In- und Ausland und die Gewinne von EU-Tochterfirmen in den USA und den US-Tochterfirmen in der EU. In allen Studien werden Anpassungskosten und die geographische Verlagerung von Direktinvestitionen nur bedingt bis gar nicht berücksichtigt. Sicher ist, dass die Exporte (USA/EU) steigen, wodurch auch die Wettbewerbsintensivierung gekennzeichnet durch den intraindustriellen Handel der beiden Regionen stark zunimmt. Der dadurch resultierende Kostendruck führt zu vermehrten Outsourcingaktivitäten in Niedrig-Lohn Länder vorzugsweise im osteuropäischen Raum. Der innereuropäische Handel ist durch Billigimporte aus Drittländern bedroht, der durch den intensiven Wettbewerbs- und Kostendruck einhergeht. Durch den Abbau von NTB werden die beiderseitigen Direktinvestitionen, die zur Umgehung der Handelshemmnisse in den USA und in der EU getätigt werden, kurzweilig sinken (Welfens, P.J.J, Korus, A.& Irawan, T., 2014). Vielmehr werden Drittländer vermehrt Direktinvestitionen in den USA und in der EU tätigen, um Handelsumlenkungseffekte zu kompensieren. Je nachdem, ob diese Direktinvestitionen von Drittländern vermehrt in die Volkswirtschaft der EU oder der USA fließen, hat dies eine Dollar/Euro Aufwertung zur Folge. Mit einem starken Dollar bzw. Euro werden europäische oder amerikanische Investoren wieder vermehrt in Drittländer, besonders in den BRIC-Staaten investieren. Dieser Technologie- und Kapitaltransfer wirkt sich positiv auf das Bruttoinlandsprodukt und Wachstum der Drittländer aus. Ebenfalls sind gegenseitige sektor-spezifische Investitionen der USA und der EU denkbar. Die EU, besonders Deutschland, zeichnen sich durch ihre Stärken im Industrie- und Maschinenbau aus. Die USA ist im Bereich der Informations- und Kommunikationstechnologie weltweit führend. Deutsche Maschinenbauer werden die Expansionschancen nutzen und Produktionsstätten und Tochterunternehmen in den USA ansiedeln. Amerikanische Investoren könnten sich die großen Wachstumschancen im Bereich der Informations- und Kommunikationstechnologie in der EU, besonders in Deutschland, zur Nutze machen.

Wie sich das TTIP-Abkommen auf die Wohlfahrt von Entwicklungsländern auswirkt, ist in den Studien nicht ganz ersichtlich. Die Bertelsmann Stiftung ist bei einer vorherigen Studie von dramatischen Einkommensverlusten für Entwicklungsländer ausgegangen. Ein verstärkter intra-regionaler Handel wäre nachteilig für das Wachstum von Armutsregionen. In ihrer neusten Studie versprechen Spillover–Effekte, die durch harmonisierte Standards und verstärkter Kaufkraft der Verbraucher einhergeht, gleiche Wachstumschancen für Entwicklungsländer (Felbermayr & Kohler, 2015). Vorausgesetzt, Entwicklungsländer sind fähig, den harmonisierten Standards der beiden großen Wirtschaftsregionen nachzukommen.

3.2 Effekte auf den Arbeitsmärkten

In der ifo-Studie zu TTIP`s Beschäftigungseffekten werden Unternehmen hinsichtlich ihrer Größen und ihrer Produktivität differenziert. Es wird davon ausgegangen, dass Unternehmen mit höherer Produktivität demnach auch niedrigere Grenzkosten haben und somit ihre Preise gemäß dem zunehmenden Wettbewerb niedriger setzen können. Die Nachfrage reagiert elastisch, dennoch ermöglichen monopolitische Marktnischen, dass Unternehmen mit geringer Produktivität mit wettbewerbsfähigen Unternehmen koexistieren können. Durch den Abschluss den TTIP-Abkommens wird der Wettbewerb zunehmen, sodass nur produktive Unternehmen auf allen Märkten bestehen können und von zunehmenden Exportchancen profitieren. Unproduktive Unternehmen scheiden über kurz oder lang aus dem Markt aus bzw. müssen Umsatzeinbußen hinnehmen.

Anders wie im CGE-Modell werden realistische Arbeitsmarktsituationen unterstellt sowie Sucharbeitslosigkeit als Investition in den Berechnungen einbezogen. Drei unterschiedliche Szenarien werden untersucht. Das erste Szenario ist der vollständige Abbau von Importzöllen. Das zweite ist das NTB Szenario, wobei die Handelshemmnisse soweit herabgemindert sind, dass eine Handelsschaffung von 76% erreicht wird, sowie ein Binnenmarktszenario, dass die Handelsbarrieren auf ein Niveau reduziert, welches das ifo-Institut für den innereuropäische Handel ermittelt hat. Das Institut konzentriert sich auf die Beschäftigungseffekte in Deutschland, USA; EU26, NAFTA (Mexiko/Kanada) sowie den Rest der Welt. Die Daten zur Arbeitslosenzahl und Arbeitslosenquote wurden aus dem Jahr 2007 entnommen.

	Deutschland	USA	EU26	NAFTA2	RoW
[A] Arbeitslosenquote					
Basisgleichgewicht	8,70%	4,60%	6,90%	4,90%	7,79%
Zollszenario	8,70%	4,60%	6,90%	4,90%	7,79%
NTB-Szenario	8,64%	4,55%	6,85%	4,91%	7,79%
Binnenmarktszenario	8,38%	4,49%	6,70%	4,91%	7,80%
[B] Arbeitslosenzahl (in Tausend)					
Basisgleichgewicht	3.657	7.192	13.649	3.190	206.141
Zollszenario	3.655	7.186	13.639	3.191	206.141
NTB-Szenario	3.630	7.117	13.540	3.197	206.300
Binnenmarktszenario	3.521	7.014	13.259	3.193	206.379
[C] Arbeitslosenzahl (in Tausend, absolute Veränderung)					
Zollszenario	-2.10	-6.25	-9.89	0.65	0.00
NTB-Szenario	-25.22	-68.79	-98.91	6.51	158.83
Binnenmarktszenario	-109.30	-103.19	-280.89	-3.91	238.250
[D] Durchschnittlicher Reallohn, Veränderung rel. zu Basisgleichgewicht					
Zollszenario	0.13%	0.17%	0.13%	-0.04%	0.00%
NTB-Szenario	1.60%	2.15%	1.67%	-0.46%	-0.16%
Binnenmarktszenario	8.32%	5.25%	6.18%	-0.21%	-0.24%

Abb. 3-3:Effekte auf den Arbeitsmärkten

Grafik: ifo-Studie, 2013

Geringe Effekte ergeben sich bei der reinen Abschaffung der Zölle. In der EU27 würden im Zollszenario 12.000 Jobs entstehen, während in den USA 6.000 neue Jobs geschaffen werden. Im NTB Szenario sinken die Arbeitslosenzahlen in der EU und in den USA um -193.000. Wiederum würde in Drittländer die Arbeitslosenzahl um 165.000 zunehmen. Dennoch ist der weltweite Nettoeffekt mit 28.000 neuen Jobs positiv. Die Reallöhne steigen mit +1,6% für Deutschland und +2,15% für die USA leicht an. Im Binnenmarktszenario mit einem ambitionierten Abbau der nichttarifären Handelsbarrieren sind bis 500.000 neue Arbeitsplätze in der EU möglich. In den USA entstehen 103.000 neue Jobs. Verlierer sind Drittländer mit einem Verlust von 240.000 Arbeitsplätzen. Der Nettoeffekt für die Welt wäre mit 260.000 neuen Arbeitsplätzen positiv. Zusammen mit den Arbeitsplätzen würden die Reallöhne in Deutschland mit 8,32% und in den USA mit 5,25%. ebenfalls steigen. Auf die strukturelle Arbeitslosenquote hat TTIP keinen Einfluss.

Durch die Handelsliberalisierung kommt es zu Beschäftigungsumverteilung. Unproduktive Unternehmen kürzen Arbeitsplätze, während produktive Unternehmen eine vermehrte Nachfrage nach qualifizierten Arbeitskräften haben. Durch die Beschäftigungsumverteilung von ineffizienten zu effizienten Firmen, fällt der Anstieg der Beschäftigung netto geringer aus, dennoch können qualifizierte Arbeitskräfte mit Lohnsteigerungen rechnen. Die Umverteilung führt zu positiven Produktivitätseffekten, Reallohnsteigerungen sowie zur Senkung des Preisniveaus. Bei einem durchschnittlichen Bruttomonatsverdienst von 3.000€ würde der Lohn in einem produktiven deutschen Unternehmen langfristig um etwa 250€ steigen. Die größten Beschäftigungseffekte sind in mittelständischen Unternehmen zu erwarten. Einige Unternehmen und Branchen werden aus dem Markt verdrängt, die Beschäftigungsverluste werden aber durch neue Beschäftigungsmöglichkeiten in exportstarken Unternehmen kompensiert.

Durch die zunehmende Konkurrenz entsteht ein erhöhter Kostendruck für Unternehmen. Dies führt zur Auslagerung von standardisierten Prozessen, besonders im Bereich der Produktion. Der Lohn von ungelernten Arbeitskräften sinkt, während die Nachfrage und der Lohn von Arbeitskräften im wissens-und technologischen Bereich steigen. Kommt es zu vermehrten Outsourcingaktivitäten in Osteuropa, kann die Region mit Realeinkommenszuwächsen rechnen. Eine Abschaffung der Zölle hat keinerlei bis wenig Auswirkung auf die durchschnittliche Produktivität. Im NTB Szenario steigt die Produktivität in allen Analysenregionen um etwa 1%. Im Binnenmarktszenario steigt die Produktivität um 5,65% in Deutschland deutlich an. Im Rest der Welt nimmt die Produktivität, bedingt durch das vermehrte Aufgebot von nicht exportorientierten Unternehmen, ab.

Die Bertelsmann Stiftung (2013) nutzt für ihre Berechnungen andere Modellansätze als die ifo-Studie. Die Ergebnisse variieren stark voneinander. Die Arbeitsmarktdaten entnimmt die Bertelsmann Stiftung aus dem Jahre 2010 und berücksichtigt zudem die unterschiedlichen Anreize zur Aufnahme einer Beschäftigung und die Lohnersatzleistungen der Länder. Eine reine Zolleliminierung lässt allein in Deutschland die Beschäftigung um 0,12% ansteigen. Der Reallohn steigt um 0,54%. Die Ergebnisse der Bertelsmann-

Stiftung zeigen, je höher die Arbeitslosenzahl aus dem Basisjahr ist, umso höher ist die Senkung der Arbeitslosenzahl durch die Zollabschaffung.

Tab. 3-4: Effekte auf den Arbeitsmärkten (Zollszenario); Bertelsmann Stiftung

Land	Arbeitslosenzahl 2010	Anstieg Beschäftigung (%)	Veränderung Arbeitslosenzahl (%)	Veränderung Reallohn (%)
Deutschland	7,06	0,12	-0,11	0,54
Griechenland	12,53	0,20	-0,17	0,93
Spanien	20,06	0,20	-0,16	0,92
Großbritannien	7,75	0,37	-0,34	1,72
USA	9,63	0,20	-0,18	0,93

Tab. 3-5: Effekte auf den Arbeitsmärkten (Tiefe Liberalisierung) Bertelsmann Stiftung

Land	Arbeitslosenzahl 2010	Anstieg Beschäftigung (%)	Veränderung Arbeitslosenzahl (%)	Veränderung Reallohn (%)
Deutschland	7,06	0,47	-0,43	2,19
Griechenland	12,53	0,78	-0,68	3,68
Spanien	20,06	0,78	-0,62	3,65
Großbritannien	7,75	1,38	-1,27	6,60
USA	9,63	0,78	-0,71	3,68

Großbritannien profitiert mit einem Reallohnzuwachs von 1,72% am stärksten. Großbritannien unterhält mit den USA intensive Handelsströme und ist für die USA der wichtigste Handelspartner innerhalb der EU. Der Rest der Welt ist durch den Zollabbau zwischen der USA und der EU benachteiligt, wodurch die Arbeitslosenzahl aufgrund geringeren Handelsvolumens in Drittländern leicht ansteigt. Die Effekte einer ambitionierten Liberalisierung sind viermal so hoch wie im Zollszenario. In Deutschland steigt die Beschäftigung um 0,47% und der Reallohn um 2,19%. Drittländer haben wie im Zollszenario mit Verlusten zu rechnen. In Deutschland entstehen 181.000 neue Jobs und in den USA 1 Million. Der weltweite Nettoeffekt beträgt 2 Million neue Arbeitsplätze. Da vor allem EU-Länder mit hohen Arbeitslosenzahlen profitieren, trägt das Freihandelsabkommen zur Harmonisierung der Arbeitsmarktsituationen innerhalb Europas bei.

Tab. 3-6: Vergleich Beschäftigungseffekte/ Neue Arbeitsplätze nach 15 Jahren TTIP

Land	Ifo-Studie	Bertelsmann-Studie
Deutschland	25.000	181.000
EU26	99.000	1.170.400
USA	69.000	1.090.500
Rest der Welt (OECD)	-165.000	-400.000
Weltweiter Nettoeffekt	28.000	2.041.900

Andere Studien gehen nicht auf die TTIP-Auswirkungen der Beschäftigungszahlen ein, da die vorhandenen Modelle für derartige Schätzungen ungeeignet sind. Beim ifo-Institut orientierte man sich an der Modellierung anhand der nobelpreisgekrönten Erkenntnisse von Christopher Pissarides, Dale Mortensens und Peter Diamonds aus dem Jahre 2010. Jedoch prognostizieren andere Studien höhere Lohnsteigerungen für ungelernte Arbeitskräfte als für qualifizierte Arbeitskräfte. Laut CEPR-Studie steigt der Lohn für ungelernte Arbeiter in der EU um 0,51% bzw. 0,50% für gelernte und in den USA um 0,38% bzw. 0,36% für Fachkräfte. In der ECORYS-Studie ist die Steigerung ebenfalls höher für die EU als für die USA. In der EU um 0,82% für Ungelernte bzw. 0,78% für Gelernte und in den USA um 0,35% für Ungelernte und 0,38% für Fachkräfte.

Anders wie in den Studien angenommen ist eine Lohnerhöhung durch Direktinvestitionen und Outsourcing für Ungelernte in den Ländern des Baltikums sowie im osteuropäischen Raum wahrscheinlicher. In westeuropäischen Ländern wie Deutschland ist ein Lohnsenkungsdruck für Ungelernte in bestimmten Industrien denkbar.

3.3 Welche Sektoren profitieren am meisten?

Der Maschinen- und Anlagenbau, Metallerzeugung und -bearbeitung, Chemie- und Pharmaindustrie, sowie Land- und Forstwirtschaft profitieren durch den Wegfall der Importzölle am stärksten. Der Abbau von nicht-tarifären Handelsbarrieren kommt vor allem mittelständischen Unternehmen zugute, die durch geringere Handelskosten einen erleichterten Marktzugang zu internationalen Märkten haben. Größere Unternehmen haben durch die Handelsliberalisierung mit stärkeren Wettbewerbsbedingungen zu kämpfen, dadurch werden die Kostensenkungen durch sinkende Handelskosten wieder relativiert.

Tab. 3-7: Bilaterale Exportzuwächse nach Sektoren; ifo-Studie

Sektor	DE-Exporte nach USA	US-Exporte nach DE
Agrar	28,56 %	56,02 %
Fleisch	33,41 %	4267,17 %
Lebensmittel	29,49 %	71,32 %
Industrie	11,10 %	17,85 %
Automobil	11,45 %	51,85 %
Maschinenbau	13,06 %	10,12 %
Dienstleistungen	3,78 %	1,44 %

In der bilateralen Sektoranalyse des ifo-Instituts können Exportzuwächse unter der Annahme eines vollständigen Abbaus von Importzöllen und der Dienstleistungsliberalisierung in allen drei Sektoren (Agrar, Industrie und

Dienstleistungen) realisiert werden. Der deutsche Agrarsektor in Bereich Milcherzeugnisse, Zucker, Fette und Öle kann seine Exporte verstärkt mit den USA ausbauen. Der amerikanische Agrarsektor würde vor allem durch vermehrte Fleischexporte mit einem fast doppel so hohen Zuwachs profitieren (siehe Tab.3-7). Die Ergebnisse sind auf die unterschiedlichen hohen Importzölle in den einzelnen Sektoren zurückzuführen. Im Agrarbereich sind die durchschnittlichen Importzölle für die USA 7,94%, wohingegen Unternehmen in der EU für Agrargüter aus den USA nur 4,87% an Importzöllen verrichten müssen.

Auch in deutschen exportstarken Sektoren, wie Maschinenbau und Automobil, sind die Exportsteigerungen gegenüber der USA verhalten. Im Automobilbereich kann die USA bis zu 51,85% Exportzuwächse verzeichnen, gegenüber Deutschland mit 11,45%. Die sektorale Analyse erfolgt auf der Basis des CGE-Modells mit der neuen Simulationssoftware MIRAGE (Modelling International Relationships in Applied General Equilibrium) und mit Daten aus dem globalen ökonomischen Netzwerkprojekt GTAP. Laut diesen Daten realisierten amerikanische Automobilhersteller in den letzten Jahren größere Exportsteigerungen als deutsche Automobilhersteller. Dementsprechend ist das Wachstum der USA im Industriebereich höher als der in Deutschland. Einzig allein der Dienstleistungssektor steigt in Deutschland stärker im Vergleich zu den USA. Der deutsche Kommunikations- und Finanzdienstleistungssektor entwickelte sich in den letzten Jahren mit zweistelligen Zuwachsraten positiv und konnte sich gegenüber amerikanische Konkurrenten durchsetzen.

Tab. 3-8: Bilaterale Exportzuwächse nach Sektoren; CEPR-Studie

Sektor	EU-Exporte in die USA		US-Exporte in die EU	
	Weniger ambitioniert	Ambitioniert	Weniger ambitioniert	Ambitioniert
Lebensmittel	26,1	45,5	56,5	74,8
Chemie	20,0	36,2	23,0	34,2
Automobil	71,0	148,7	207,4	346,8
Metallprodukte	42,4	68,2	52,7	88,1

Im Vergleich mit der sektoralen Analyse der CEPR-Studie (siehe Tab. 3-8) decken sich deren Ergebnisse mit den Ergebnissen des ifo-Instituts, wonach die bilateralen Exportzuwächse für amerikanische Unternehmen höher sind als für Unternehmen in der EU. Im Ergebnis fallen die Zahlen der CEPR-Studie deutlich stärker aus. Die Studie geht dabei von unterschiedlichen Szenarien aus, wonach beim ambitionierten Szenario ein 25 prozentiger Abbau der NTB angenommen wird und die vollständige Eliminierung der Zölle, während im weniger ambitionierten Szenario ebenfalls alle Zölle aufgehoben wird und ein Abbau der NTB von 10% angenommen wird. Demnach kann die europäische Automobilbranche Exportzuwächse von 71 -148% erwarten. Im Gegenzug wachsen die US-Exporte in der Branche von 207 – 346%. Große Zuwächse sind auch in den Branchen der Chemie, der Metallindustrie und der Lebensmittelindustrie auf beiden Seiten zu sehen. In der sektoralen Makroanalyse der CEPR profitiert die amerikanische Automobilwirtschaft mit Exportzuwächsen von 20 – 41%, deutlich weniger kalkuliert das ifo-Institut mit 6,33% an Zuwächsen. In beiden Studien setzt sich der amerikanische Energie Sektor gegenüber den europäischen bzw. deutschen Energiesektor durch. Bedingt durch den Kostenvorteil der USA, den sie durch Fracking realisieren können, sind Exportverluste für die EU zu verzeichnen.

In der älteren Studie von ECORYS kann ebenfalls der Automobilsektor in Europa starke Zuwächse von +10,7% sowie im Chemie Sektor mit +6,2% verzeichnen. Aber auch in der Studie sind die Zuwächse für die USA größer als für den europäischen Raum. Anders wie in den vorherigen Studien wird für die USA das größte Wachstum mit +41,9% im Sektor der elektrischen Maschinen prognostiziert und nur +9,1% für die Automobilbranche. In den letzten Jahren hat sich viel in den einzelnen Sektoren getan, besonders amerikanische Automobilproduzenten konnten im Jahre 2013 bis zu 15,3 Millionen Autos verkaufen und verzeichnen eine Wachstumsrate von 14,3% gegenüber der EU mit 5% (PWC, 2013-2015). Europäische Automobilhersteller haben es seit der Eurokrise schwer und werden sich in den kommenden Jahren vermehrt auf den chinesischen und amerikanischen Markt konzentrieren. Daher sind die sektoralen Ergebnisse der ECORYS-Studie von 2009 überholt bzw. veraltet und hier zu vernachlässigen. Obwohl die EU im Handel mit den USA laut einer umfassenden Unternehmensumfrage auf mehr nichttarifäre Handelshemmnisse stößt als die USA im Gegenzug siehe Tab. 2 1, werden stärkere sektorale Zuwachsprognosen für USA prognostiziert. Ein Grund sind vor allem die stärkeren Wachstumszahlen der USA in den jeweiligen Sektoren. Des Weiteren würde der Abbau von NTB amerikanischen Unternehmen einen leichteren Zugang zum stark regulierten europäischen Absatzmarkt ermöglichen. Dabei stellt sich allerdings nicht nur die Frage, inwieweit diese NTB abgebaut werden können, sondern auch auf welche Standards und welche Regulierungen man sich einigen wird. Aus europäischer Sicht sind US-Standards „schlechter", da Grenzwerte für bestimmte Schadstoffe, Sicherheitsbestimmungen und Kennzeichnungspflichten in den USA geringer bzw. lascher sind als in der EU. Daher ist nicht auszuschließen, dass die Anpassungskosten der USA größer sein könnten als für die EU, falls die Union im Rahmen der TTIP-Verhandlungen Teile der EU-Richtlinien durchsetzen kann. Diese Anpassungskosten wurden in den Studien nicht berücksichtigt, obwohl in bestimmten Sektoren wie z.B. in der Lebensmittelindustrie, davon ausgegangen werden muss, dass die USA sich gemäß den EU-Richtlinien anpassen wird (z.B. Produktion von Fleischerzeugnissen frei von Chlorrückständen), um einen Marktzugang zu erhalten.

Die Tatsache, dass die USA durch die Fracking-Technologie ein klaren Kostenvorteil gegenüber der EU hat, wirkt sich vor allem negativ auf energieintensive Sektoren in Europa aus. Auf Basis der niedrigen Energiepreise in den USA ergeben sich für europäische Firmen Expansionschancen für kostengünstigere Produktionsstätten. Im Rahmen der Neuordnung ergeben sich neue Vorleistungsstrukturen innerhalb der EU. Die europäischen Mitgliedsstaaten sind einander die wichtigsten Zulieferer. Der Automobil-,Chemie, IKT, Maschinenbau- und Pharmabereich wird einige ihrer Produktionsstandorte in den USA verlagern und vermehrt Vorleistungen aus den USA statt aus den EU-Mitgliedsstaaten beziehen. Dies würde auch die Abwanderung der Beschäftigung von der EU nach USA bedeuten. Demnach würde auch die Vorleistungsstruktur im Intra-EU Handel negativ beeinträchtigt. In Anbetracht dessen, dass jeder 10te Arbeitsplatz von der Automobilproduktion und deren Zulieferer abhängt, wäre eine Abwanderung von Mercedes, BMW und Co. nicht nur für Deutschland, sondern auch für die EU fatal (Welfens, Korus & Irawan, 2014). Andererseits werden Gasimporte der USA in die EU erstmal durch das TTIP- Abkommen möglich, was wiederum den Gaspreis in der EU sinken lässt. Ein erhöhter Gasexport in die EU ist allerdings trotz der Freigabe im Rahmen des Abkommens unwahrscheinlich. Für amerikanische Erdgasunternehmen ist der chinesische Markt für Gasexporte weitaus interessanter. Für Gasexporte in Ländern mit denen die USA keine Freihandelsabkommen unterhält, benötigen amerikanische Erdgasunternehmen die Genehmigung des US-Energieministeriums (Felbermayr, Gabriel et al., 2014). In Anbetracht dessen, dass die USA ebenfalls ein Freihandelsabkommen namens Trans-Pacific-Partnership (TPP) unter anderem mit Australien, Japan, Kanada und Singapur anstrebt, werden Gasexporte vermehrt nach Asien, insbesondere Singapur, fließen. Zugleich unterlaufen die US-Regelungen bezüglich Gasexporte in den nächsten Jahren einige Änderungen, die ebenfalls das Genehmigungsverfahren für Gasexporte nach China und Indien erleichtern werden. Die Nachfrage sowie auch die Kurspreise liegen im asiatischen-pazifischen Raum höher als in Europa. US-Unternehmen werden maximalen Profit anstreben und den asiatischen Markt Priorität einräumen (Felbermayr, Gabriel et al., 2014). Somit ist es unwahrscheinlich, dass die Energiepreise in der EU sinken, da von höheren US- Gasimporten nicht ausgegangen werden kann.

Tab. 3-9: Sektorale Effekte in Deutschland bei 20% Exportanstieg; (Irawan & Welfens, 2014)

Sektor	Produktion	Arbeitsplätze
Chemie	0,84%	2.805
IKT	-0,17%	-676
Automobil	1,60%	13.262
Pharmaindustrie	0,88%	1.100
Maschinenbau	0,80%	8,308

Bei der makroökonomischen Analyse von Irawan & Welfens aus dem Jahre 2014 für Deutschland siehe Tab. 3-9 wurde eine 20%-Erhöhung der Exporte in den wichtigsten fünf deutschen Sektoren simuliert und deren Produktions- und Beschäftigungseffekte auf Basis der Vorleistungsstrukturen und der sektoralen Handelsdaten aus der TiVA Datenbank der OECD ermittelt. In Deutschland ergeben sich aus dem Mehr an Exporten in den Branchen Chemie, IKT,

Automobil - Pharmaindustrie und Maschinenbau gesamtwirtschaftlich 800.000 neue Arbeitsplätze. Bei Betrachtung der sektoralen Beschäftigungs- und Produktionseffekte profitieren deutsche Autohersteller mit +1,6% am stärksten, dadurch ergeben sich 13.000 neue Arbeitsplätze in der Branche.

Der Anteil für den inländischen bzw. des Intra-EU-Bedarfs im Automobil- und Maschinenbausektor ist sehr gering. Der größte Anteil geht in den Extra-EU Export. Während die USA zu 60% für den Inlandsbedarf produzieren, gehen 67% der in Deutschland produzierten Güter in den Export, davon 33% in den Extra-EU Export. Vorleistungen der deutschen Automobilbranche werden zu 71% von inländischen Zulieferern bezogen. In den USA sind diese Werte mit durchschnittlich 80% inländischen Vorleistungsbezug noch höher. Über 80% der europäischen Vorleistungen finden zwischen EU-Partnerstaaten statt, sodass auch andere Mitgliedsstaaten von höheren deutschen Exporten durch vermehrten Vorleistungsbezug profitieren. Die positiven Beschäftigungseffekte sind den eventuellen Jobverlusten durch Produktionsverlagerungen in den USA entgegenzusetzen. Im IKT Sektor sind mit Jobverlusten zu rechnen, da die USA in dem Sektor sich besonders durch ihre Innovationsstärke durchsetzt und deutsche Unternehmen vom Markt verdrängt.

3.4 Wirtschaftlicher Ausblick

Die einzelnen Studien variieren teilweise stark, dennoch ist kurzfristig gesehen nur ein geringes Wachstum des Bruttoinlandsprodukts zu erwarten. Langfristig ist eine Steigerung des Bruttoinlandsprodukts auf beiden Seiten des Atlantiks von 1 Prozent (130 Mrd. €) denkbar, wobei 35-45 Mrd. € auf Deutschland entfällt. Pro Haushalt bedeutet das ein Plus von 1500€ und pro Kopf ein Mehr von 500€ (Welfens, Korus & Irawan, 2014).

Die Eliminierung der Importzölle und zumindest eines Teils der nichttarifären Handelsbarrieren lässt den transatlantischen Handel zwischen den USA und der EU steigen und stimuliert Produktivität und Beschäftigung in der EU und in den USA. Aber auch der Handel innerhalb der EU wird gestärkt. Durch den erhöhten Export in die USA steigt die Nachfrage an Zulieferer und Vorleistungsprodukte. Im Ergebnis steigt das Realeinkommen in den europäischen Mitgliedsstaaten. Auch in den USA steigt das Realeinkommen, bedingt dadurch, dass die USA vermehrt Vorleistungen aus der NAFTA-Region und von inländischen Zulieferern bezieht. Erhöhte Produktivität stärkt die Wettbewerbsfähigkeit der exportorientierten Unternehmen und kurbelt die Beschäftigungszahlen in der EU und in den USA an. In bestimmten Sektoren wie im Automobilsektor kommt es zu erhöhten Direktinvestitionen von deutschen bzw. europäischen Unternehmen in den USA, Mexiko und Kanada. Aus den USA werden vermehrt Direktinvestitionen in den Sektoren der Informations- und Kommunikationstechnologie und Pharmazie getätigt. Die Produktion in der Freihandelszone steigt mit den Direktinvestitionen verbundenen Technologietransfers und führt zur erhöhten Nachfrage von Importen aus Drittländern. Drittländer profitieren durch die erhöhte Nachfrage, was zu Realeinkommensgewinnen in den Regionen führt (Welfens, Korus, & Irawan, 2014). Weltweit kommt es zu positiven Beschäftigungseffekten.

Ein Realeinkommensanstieg in der EU kommt dem deutschen Maschinen- und Automobilbau besonders zugute, nach sinkender Intra-EU Nachfrage, ausgelöst durch die Eurokrise. Die deutsche Wirtschaft steigt durch ihre Exportstärke im Vergleich zu anderen EU-Ländern dann stärker an. In einem Zeitraum von fünf Jahren können so Realeinkommensgewinne von bis zu 1,4 Prozent für die EU und der USA erzielt werden (Welfens, Korus, & Irawan, 2014). Positive Wachstumszahlen in der EU schaffen in den Zeiten von Staatspleiten und hohen Haushaltsdefiziten Impulse zur endgültigen Überwindung der Eurokrise und für die weitere Integration Europas. Ein starkes Europa lockt Investitionen aus Drittländern an. Direktinvestitionen werden in der EU sowie auch in den USA für einige Jahre ansteigen. Auch in die NAFTA-Region kommt es zu vermehrten Direktinvestitionen aus Europa und Drittländern, um Kostenvorteile zu realisieren bzw. die Handelsumlenkungseffekte zu kompensieren. Ein Rückgang der Arbeitslosenquoten in den westlichen EU-Ländern führt zu einer vermehrten Zuwanderung von Fachkräften aus Osteuropa. Bei den sektoralen Prognosen des TTIP-Abkommens sind die europäischen exportstärksten Sektoren Maschinenbau und Automobilbau die klaren Gewinner einer Handelsliberalisierung. Dennoch sind negative Effekte auf die Beschäftigungszahlen im Rahmen einer Abwanderung der Hersteller Richtung USA bzw. NAFTA-Region wahrscheinlich. Audi produziert mittlerweile schon in Mexiko und andere große Hersteller wie BMW, Volkswagen und Mercedes könnten mit einem weiteren Abbau von Produktionsstätten in Deutschland und in der EU nachziehen.

Der schwache Sektor der Informations- und Kommunikationstechnologie aus europäischer Sicht ist vermehrt den dominierenden US-Unternehmen ausgesetzt. Die Innovationsdynamik in Europa ist im Vergleich zu den USA niedrig. Es ist nicht zu erwarten, dass sich europäische IKT-Unternehmen gegen die USA durchsetzen können. Ein Rückgang der Beschäftigungszahlen und der Produktion in dem Sektor ist wahrscheinlich.

Mit TTIP treffen zwei der größten Wirtschaftsregionen aufeinander. Betrachtet man die unterschiedlichen Wirtschaftssysteme der USA und der EU, wird klar, ob sich die soziale Marktwirtschaft der EU oder die freie Marktwirtschaft der USA in dem TTIP-Abkommen durchsetzt, es hat starken Einfluss auf die zukünftige globale Handelsordnung. Bei einem Abkommen dieses Ausmaßes sind nicht nur wirtschaftliche Aspekte von Bedeutung. Die unterschiedlichen Standards und Regelungstraditionen setzen unweigerlich die nationale Identität des Amerikaners und des Europäers auf den Verhandlungsplan.

4 Die kulturellen Stolpersteine des TTIP

Zwischenstaatliche Kooperationen entstehen auf Basis komplementärer nationaler Präferenzen. Die Regionalisierung erfolgt einerseits aufgrund rationalistischer Kosten-Nutzen Erwägungen, wobei der Zweck stets der eigene Nutzen darstellt, andererseits zeigt sich am Beispiel der Gründung der Europäischen Union, dass politisches Handeln neben rationalem Kalkül auch auf Werte basiertem Handeln beruht. Internationales Handeln ist nicht nur zweckorientiert, sondern vielmehr erfolgt das Handeln der einzelnen Akteure wert-und normorientiert. Dies wird besonders deutlich im Zusammenhang mit dem international angestrebten Ziel, Menschenrechte weltweit durchzusetzen. Die Frage nach der Würde des Menschen versteht sich innerhalb der Grenzen der Kulturen, Religionen und Ethiken und hat bis heute keine Universalität erreicht. Im Rahmen der Anerkennung der Menschenwürde fehlt es an einer notwendigen Operationalisierung über alle Grenzen der Kulturen und Religionen hinweg. Die Umsetzung der UNO Menschenrechtskonvention erfolgt norm- und wertgeleitet. Die Durchsetzung von globalen Normen und Werten erfordert kosmopolitisches Denken jenseits der Staatlichkeit. Im Zuge der fortschreitenden Globalisierung haben sich die Funktion und die Rolle des Staates stark gewandelt. Der Nationalstaat ist in Anbetracht zunehmender nichtstaatlicher gesellschaftlicher transnationaler Akteure und wachsenden internationalen Organisationen nur noch eine Variable unter vielen. Für Politiker ist es unerlässlich, transnationale Politik in ihren Entscheidungsfindungen miteinzubeziehen, um den neuen Gegebenheiten gerecht zu werden. Der Anspruch auf alleinige Souveränität des Staates hat sich nicht nur im Rahmen der Europäischen Union in den letzten Jahren ausgehebelt. Der Einfluss transnationaler Akteure auf die Gestaltung von auswärtigen und internen Angelegenheiten eines Staates ist steigend. In Fragen des Verbraucherschutzes oder des Umweltschutzes kann sich der Staat schon seit langem nicht mehr auf die eigene Souveränität berufen und ist auf die Willensbildung von transnationalen Akteuren und der Öffentlichkeit angewiesen. Ein Freihandelsabkommen dieser Größe setzt Normen und Werte einzelner auf eine supranationale Ebene sowie die Frage nach deren demokratischer Legitimität. Eine ausschließliche Orientierung an das nationale Interesse ist im

Zuge der sinkenden Bedeutung von Staatlichkeit nicht mehr möglich. Wenn die Orientierung an das nationale Interesse nicht mehr legitim ist, stellt sich gleichzeitig die Frage, welche Kräfte und Interessen für ein supranationales Abkommen gelten. Jenseits der Staatlichkeit bewegen sich politische Akteure in Abwesenheit einer Weltregierung. Dem Anschein nach obliegt der internationale Handel einer gewissen Anarchie. Im internationalen System lässt sich dennoch eine Autorität beobachten: Die Autorität des Marktes (Lemke, 2012). Durch die zunehmende Interdependenz der Staaten hat sich eine Geoökonomie entwickelt, die auch ohne eine Standardisierung von Gesetzen, Werten und Normen reibungslos voranschreitet. Am Beispiel Chinas zeigt sich, dass es sich mit einer reinen Orientierung an marktwirtschaftlichen Prinzipien ohne jegliches Abrücken nationaler soziokultureller Gegebenheiten ohne Einschränkung auf dem Weltmarkt agieren lässt. Der Staat obliegt der Autorität des Marktes, was wiederum demokratische Einflussmöglichkeiten nur begrenzt zulässt. Die Herausforderungen der politischen Akteure, diesen Gegebenheiten gerecht zu werden, ist so groß wie nie. Dessen ungeachtet müssen jegliche Einschränkungen von Bürger- und Freiheitsrechten in einer Demokratie legitimiert werden, davon ist auch ein Freihandelsabkommen zwischen den beiden größten Wirtschaftsregionen nicht ausgenommen. Gegenüber den USA hat die Europäische Union ein Demokratiedefizit (Thiemeyer, 2010). Das Demokratiedefizit und das damit verbundene Legitimationsproblem stellt im Rahmen der TTIP-Verhandlungen das größte Problem für die Union dar.

Das politische System der Europäischen Union fehlt es an ausreichenden Partizipationsmöglichkeiten der Bürger sowie der mangelnden Legitimation der gewählten Minister im Ministerrat (Rat der Europäischen Union). Zudem sind Kompetenzen der einzelnen Institutionen verschachtelt und überlagern sich in vielen Bereichen. Das direkt gewählte Parlament ist neben dem Rat der Europäischen Union Gesetzgeber. Das Europäische Parlament hat keine volle Entscheidungskompetenz, allgemeine politische Prioritäten werden von den Staats- und Regierungschefs im Europäischen Rat vorgegeben. Die Europäische Kommission, Vertreter der Europäischen Union in den TTIP-Verhandlungen, besteht aus 27 Kommissaren und sind nicht demokratisch gewählt. Die Mitglieder der Europäischen Kommission werden von den

Regierungen der Mitgliedstaaten ernannt. Die Kommission gilt als Kontroll- und Verwaltungsinstanz der EU und wacht über das ganze System der Union.

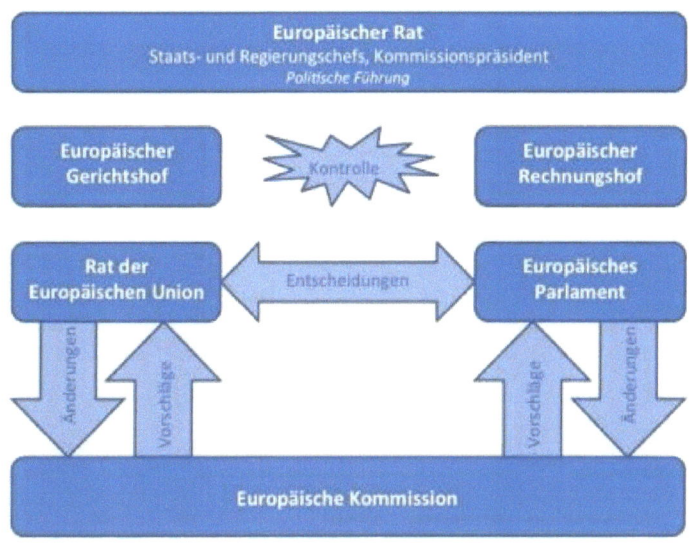

Abb. 4-1: Politisches System der Europäischen Union

Grafik: Vimentis, 2012

Die Abwesenheit eines europäischen Staatsvolkes und die damit fehlende europäische Identität stellt darüber hinaus ein Problem für die TTIP-Verhandlungen dar. Die Erweiterung der Mitspracherechte für Bürger würde die Legitimität der EU erhöhen, allerdings kann die Legitimität eines Abkommens nicht alleine durch eine Ausweitung bürgerlicher Mitspracherechte in der EU sichergestellt werden. Die Europäische Union hat keine Verfassung, sondern beruht auf die zwischenstaatlichen Verträge mit den Mitgliedsstaaten. Diese Verträge sind einer Verfassung ähnlich, dennoch würde eine Verfassung von symbolischer Kraft stärkere Identifikationsgefühle erzeugen und zur Stärkung eines europäischen Gemeinschaftsgefühls beitragen. Die EU ist eine sehr heterogene Gruppe. Ob die Durchsetzung einer Kennzeichnungspflicht für gentechnisch veränderte Lebensmittel tatsächlich dem allgemeinen Interesse der Europäer entspricht und dies somit ein europäisches Gemeinwohl sicherstellt, muss öffentlich ausgehandelt und begründet werden. Die EU ist keinesfalls nur gegenüber aktiven und organisierten Bürgern, sondern auch gegenüber dem noch passiven anonymen EU-Bürger rechtfertigungspflichtig (Bieling & Lerch, 2012). Nur wenn auch die anonymen passiven Bürger den Entscheidungen der europäischen Union Aufmerksamkeit schenken, kann sichergestellt werden, dass der kollektive Wille der EU in der demokratischen Entscheidungsfindung zur Geltung kommt. Solange keine Medien und kein Sprachrohr von gesamteuropäischer Reichweite existieren, können sich auch keine gesamteuropäischen Debatten entwickeln.

Zum einen stellt sich die Frage, auf welche Art und Weise Bürger der Union am besten und effektivsten ihre Interessen artikulieren und einen kollektiven Willen formulieren können. In der Diskussion steht die Frage nach einem repräsentativen Demokratiemodell für die Europäische Union (Katenhusen, 2003, S.119). Bereits seit einiger Zeit wurde in der Diskussion auch die europäische Bürgerschaft gefordert, welche die bestehende nationale Identität des Union-Bürgers durch eine europäische Identität ersetzt und damit den Weg für ein repräsentatives Demokratiemodell einleitet, sowie die EU Grund-und Freiheitsrechte nach innen als auch nach außen hin aktiv vertritt. Ein europäisches Volk ist notwendig, das als politische Willensbildungsgemeinschaft funktioniert, welches die Interessen der Individuen kollektiv transportiert und damit eine meinungsbildende Diskussion erst ermöglicht (Bieling & Lerch, 2012, S.387). Nur eine größere Bürgerbeteiligung und höheres zivilgesellschaftliches Engagement in den europäischen Institutionen kann Initiativen für eine europäische Identität schaffen, jenseits der nationalen Zugehörigkeiten. Soziale Gerechtigkeit, Solidarität und die Wertschätzung für Verschiedenheit und die unabdingbare Forderung nach einem regulativen Rechts- und Sozialstaat sind die Ideale und Werte der europäischen Identität. Rückblickend soll Gründungsvater der Union Jean Monnet gesagt haben: „Wenn ich nochmals mit dem Aufbau Europas beginnen könnte, dann würde ich mit der Kultur anfangen".

Die Europäische Union kann den USA in ihrer jetzigen Form nicht als handlungsfähiger und ebenbürtiger Partner gegenüberstehen. Die USA ist in den TTIP-Verhandlungen durch ihre Hegemonialmacht und ihrer Heterogenität klar im Vorteil, was besonders in den kritischen Verhandlungspunkten von besonderer Bedeutung sein wird. Die USA zeichnen sich durch ihre besondere Gründungsgeschichte aus, welche auf den Prinzipien von Freiheit und

Unabhängigkeit beruhen und bis heute nicht nur die Mentalität des Amerikaners prägt, sondern sich auch in der Politik der USA widerspiegelt. In den Verhandlungen zwischen der EU und den USA spielen daher nicht nur die institutionellen und strukturellen Unterschiede eine Rolle, vielmehr sind die politisch-kulturellen Besonderheiten entscheidend für das Verhandlungsergebnis.

4.1 Nachsorge - vs. Vorsorgeprinzip

Der Agrarhandel ist in den TTIP-Verhandlungen ein besonders kritischer Bereich, andererseits ist der Landwirtschafts- und Lebensmittelbereich der Sektor, der mit den meisten nichttarifären Handelshemmnissen belegt ist (siehe Tab. 2-1.), aber auch ein wichtiger Sektor für die USA, der neben der amerikanischen Automobilbranche am ehesten von den TTIP profitiert (siehe Tab. 3-7). Europa gilt als wichtigster Exporteur für Getreide, Geflügel, Milch und Weinerzeugnisse. Der wichtigste Absatzmarkt für europäische Agrarerzeugnisse sind die USA und Russland. Die USA ist im Agrarsektor die größte Import- und Exportnation. Die wichtigsten Exportmärkte für die USA sind vor allem die im NAFTA-Abkommen verbundenen Handelspartner Kanada und Mexiko. Dies könnte sich aber durch die TTIP-Verhandlungen ändern.

Der Lebensmittelhandel wird durch eine Vielzahl von Sicherheits- und Kontrollbestimmungen beeinflusst. Darunter fallen unter anderem Verpackungs- und Kennzeichnungspflichten, Vorschriften über Grenzwerte, Gentechnik und Wachstumshormonen. In der öffentlichen Debatte um die Sorge vor Absenkung der Lebensmittelstandards, ist das berühmte US-Chlorhühnchen das gängige Argument für die schlechteren US-Lebensmittelstandards. Aber sind diese wirklich schlechter oder basieren die Standards lediglich auf andere Prinzipien?

In den USA gilt das Nachsorgeprinzip. Der Zustand des Endproduktes ist dabei das entscheidende Merkmal und weniger die Herstellung bzw. Züchtung dessen. US-Rinder werden mit Antibiotika und Hormonen schnell schlachtungsreif gezüchtet. Nach der Schlachtung wird das Geflügel für die Entkeimung 90 Minuten lang in einem Kühltank mit Chlordioxid behandelt (Von Petersdorf , 2014). Erreger im Fleisch werden dadurch abgetötet. Diese Methode spart erhebliche Kosten und Zeit. Das Bundesinstitut für Risikobewertung (BfR) in Berlin bestätigte, dass chlorbehandeltes Geflügel aus den USA absolut unschädlich ist. Im Klartext bedeutet das, dass deutsches Fleisch nicht gesünder ist als amerikanisches, oder umgekehrt. In Deutschland ist diese Methode dennoch nicht zugelassen, sowie die Einfuhr von hormonbelastetem Fleisch in die EU generell verboten ist.

In Europa gilt das Vorsorgeprinzip. Von der Herstellung bis zum fertigen Produkt ist auf Hygiene und Risikoprävention zu achten. Die Chlorbehandlung ist aufgrund der Sorge der Umweltverträglichkeit und der Resistenzbildung in Deutschland verboten. In Deutschland wird das Fleisch mit heißem Wasser desinfiziert. Aus deutscher Sicht macht eine gute Hygienepraxis von der Aufzucht bis zur Schlachtung die nachträgliche chemische Dekontamination überflüssig. Die Ehec-Epidemie von 2011, an dem 53 Menschen an keimverseuchten Biosprossen starben, demonstriert das Gegenteil.

Im Bereich der Gentechnik verhält sich die Argumentation ähnlich. Gentechnik ist seit zwei Jahrzehnten ein fester Bestandteil der amerikanischen Lebensmittelindustrie, rund 90 Prozent des pflanzlichen Anbaus sind gentechnisch verändert. Genveränderte Pflanzen seien widerstandsfähiger, verringern Ernteausfälle und den Einsatz von Pflanzenschutzmittel (Peuker, 2011). In Europa gilt eine Kennzeichnungspflicht für genveränderte Lebensmittel. Die Einfuhr von genveränderten Pflanzen in die Union obliegt langwierigen und strengen Genehmigungsverfahren, zudem herrscht ein weitgehendes Anbauverbot. Dabei geht es nicht um gesundheitliche Bedenken, denn auch hier gibt es keine wissenschaftliche Befunde, die weder negative noch positive Auswirkungen von genveränderten Lebensmitteln feststellten. Schon mehrfach wurde die EU auf Basis der WTO Prinzipien über die Gleichberechtigung von heimischen und ausländischen Produkten unter anderem von den USA verklagt, da die EU keine wissenschaftlichen Beweise vorbringen konnte, die deren Importverbot von hormonbelastetem Fleisch begründete.

Es geht hier nicht um die Gesundheit oder der Sicherheit des Verbrauchers, sondern vielmehr um die Art und Weise wie der Amerikaner und der Europäer Landwirtschaft betreiben. Dabei geht es vor allem um ökologische Fragen, aber auch in der Art und Weise wie eine Kultur mit Ambiguität und Risiko umgeht. Die Sensibilisierung für den Umweltschutz ist in den USA weniger ausgeprägt als in Europa. Das liegt unter anderem daran, dass Umweltschutz in der amerikanischen Politik stets eine untergeordnete Rolle spielt. Zum anderen glauben Amerikaner zwar an die weltweite Klimaerwärmung, fühlen sich aber nicht persönlich verantwortlich bzw. bedroht (EcoAmerica, 2006). Diese Auffassung spiegelt sich im verschwenderischen Umgang mit Ressourcen wie Wasser und Energie der Amerikaner wider. Sie sehen keinen Zusammenhang zwischen dem eigenen Tun und dessen Auswirkungen auf die Umwelt, sondern sehen das Problem eher auf globaler Ebene, bei dem der einzelne wenig Einfluss zuteilwird. Zudem sehen Amerikaner Umweltmaßnahmen wie sie Europäer betreiben, als Angriff auf ihre persönlichen Freiheitsrechte. Natur und Umwelt ist für den Amerikaner ein individuelles Gut, dessen Qualität und Unversehrtheit sich an den eigenen Lebensraum und Lebensverhältnissen misst. Für den Europäer ist die Natur ein kollektives Gut, dessen Qualität gemäß dem Soliditätsprinzip bewahrt wird. Amerikaner sind für individuelle Umweltmaßnahmen, die ihnen Kosten und Zeit sparen, eher zu motivieren, als für Umweltmaßnahmen, wie die Reduzierung von Co^2 Emissionen, die keinen erkennbaren Einfluss auf ihr Leben nehmen. Eine weltweite Kooperation zwischen allen Industriestaaten, die für eine weltweite Reduzierung von Co^2 Emissionen nötig wäre, ist den freiheitsliebenden Amerikanern bedingt durch ihren historischen Gründungsprozess schon zuwider. Unabhängigkeit, Patriotismus und den amerikanischen Pragmatismus, welches den individuellen Nutzen und Zweck für jegliches Handeln über alles stellt, sind die Werte, auf die die amerikanische Gesellschaft seit ihrer Gründung fundiert ist. Es ist der Amerikaner, der unorthodoxe Wege geht, die nicht zuletzt zur weltführenden Innovationsstärke der USA beitragen und der ausgeprägte Individualismus, der weder die Zustimmung anderer benötigt noch deren Kooperation. Solange die chemische Entkeimung von Geflügel seinen Zweck erfüllt, ohne dabei individuelle Interessen und Leben zu gefährden, und solange genveränderte Sojabohnen und Mais keine gesundheitlichen Schäden verursachen, gibt es keinen Anlass für Veränderungen. Die verschiedenen Prinzipien, auf denen der Verbraucherschutz der USA und der EU begründet ist, sind zum einem auf den jeweiligen Umgang mit Ambiguität und Risiko zurückzuführen, als auch auf die jeweilige Ansicht über die Funktion des Staates.

Hofstede definierte auf Basis einer weltweiten Studie im Jahre 2010 fünf Kulturdimensionen, an denen sich eine Kultur messen lässt. Unter anderem definierte er, inwieweit eine Kultur mit unvorhersehbaren Situationen umgeht bzw. deren Toleranz hinsichtlich Unsicherheit und Ambiguität. Er beschreibt, inwieweit eine Kultur die Tatsache akzeptiert, dass die Zukunft ungewiss und nur zu einem bestimmten Grad planbar ist.

Abb. 4-2: Kulturdimension von Hofstede

Grafik: Zentrum für interkultuerelles Management, 2015

Deutschland hat laut Hofstede wenig Toleranz gegenüber Ambiguität und versucht durch exakte Planung und durch Einhaltung bestehender Konventionen, Risiken und Unsicherheiten gering wie möglich zu halten. Kulturen mit einem hohen Maß an Unsicherheitsvermeidung haben Angst vor dem Unbekannten und neigen zu eng gefassten Regulierungen mit weniger Spielraum für situationsabhängige Gegebenheiten. Unorthodoxes Verhalten ist weniger gern gesehen und wird nicht toleriert. Demgegenüber hat die USA weniger Probleme mit Unsicherheit. Das Land hat eine hohe Risikobereitschaft gegenüber Innovationen. Veränderungen und pragmatische Lösungen sind gern gesehen, Regulierungen und Vorschriften sind breit formuliert und definieren lediglich die Rahmenbedingungen und geben somit viel Spielraum für situationsabhängige Anpassungen. Das Vorsorgeprinzip versucht von vornherein jegliches Risiko von Anfang bis Ende zu minimieren. Es ist die planmäßige Kontrolle von der Herstellung bis zum Endprodukt, was die Sicherheit eines risikofreien Endprodukts sicherstellt. Durch das Vorsorgeprinzip ist die größtmögliche Planungssicherheit des in der Zukunft entstehenden Produktes sichergestellt und befriedigt somit das benötigte Maß an Sicherheit unserer Kultur. Das Verbot von Gentechnik beruht auf Skepsis für die zugrundlegende Technologie ohne deren wissenschaftlich fundierte Begründung. Das Vorsorgeprinzip ist gegenüber Innovationen, die noch keine langfristigen Prognosen über mögliche Auswirkungen darlegen können bzw. dessen Grenzwerte unbekannt und unerforscht sind, besonders kritisch. Das Nachsorgeprinzip geht bewusst das Risiko ein, welches ein fehlerhaftes Endprodukt zum Ergebnis haben könnte. Es wird darauf verzichtet, die Zukunft genau wie möglich kontrollieren zu wollen, sondern vielmehr werden pragmatische Lösungen gefunden, die im Falle eines Risikoeintritts ihre Anwendung finden. In Europa sind mögliche Risiken und deren Eintrittswahrscheinlichkeiten, ungeachtet vom Nutzen, das Hauptaugenmerk für die Beurteilung für Verbot oder Zulassung. In den USA liegt der Fokus auf den möglichen Nutzen und die Wahrscheinlichkeit eines Nichteintritts von Risiken. In Europa muss anders wie in den USA nicht die Schädlichkeit eines Inhaltsstoffes bewiesen werden, sondern deren Unschädlichkeit. Demnach liegt die Beweislast für die Schädlichkeit in den USA bei dem Verbraucher und in Europa beim Staat und deren Kontrollorganen.

Für den Verbraucher macht die jeweilige Verfahrensweise, konsequent angewendet, am Ende keinen Unterschied, außer in der Frage hinsichtlich Vertrauen und Sicherheit und der Rolle, die der Verbraucher dem Staat dabei zuschreibt. Die Rolle des Staates in der Europäischen Union definiert sich schon durch die vorherrschende Soziale Marktwirtschaft. Der Staat greift als einziger legitimer Bewahrer der kollektiven Wohlfahrt in die Dynamik des Marktes ein und unterwirft ihn einer Ordnung. Die Wohlfahrt des Verbrauchers liegt in der Verantwortung der staatlichen Hand. In den USA liegt das Wohl des Verbrauchers im Ermessen des eigenen Handelns und beruht auf die

Eigenverantwortlichkeit und Selbstbestimmung des Verbrauchers. Der amerikanische Staat hat keine Ordnungsfunktion, die in die Selbstbestimmung des Verbrauchers eingreift. Der Staat sorgt für Rahmenbedingungen, die eine Entscheidungsfreiheit des Verbrauchers ermöglichen. Diese Rahmenbedingungen erfordern vom Verbraucher zum einen Vertrauen und zum anderen die eigene Auseinandersetzung mit dem Produkt und dessen Inhaltsstoffen und deren eigenverantwortliche Entscheidung über deren Konsumierung. Die individuelle Wohlfahrt liegt nicht in der Verantwortung des Staates, sondern in der Verantwortung des Einzelnen. Die jeweilige Verfahrensweise macht allerdings einen großen Unterschied für die Unternehmen. Das Nachsorgeprinzip gewährt Unternehmen größere Freiheiten und die Möglichkeiten für innovatives Handeln.

Amerikaner im Rahmen der TTIP-Verhandlungen zur Einführung des Vorsorgeprinzips zu bewegen, wäre demnach utopisch. Der amerikanische Verbraucher wird durch die außerordentliche Stellung der verschuldensunabhängigen Produkthaftung im US-Rechtssystem und deren hohen Schadenersatzurteile bei Schädigung durch ein Produkt für seine Eigenverantwortlichkeit entlohnt. Schadensersatzforderungen gegenüber Unternehmen aufgrund fehlender Kennzeichnung über bestimmte Produkteigenschaften sind in den USA gängige Praxis. Die Europäische Union wird das Vorsorgeprinzip im Zuge der TTIP-Verhandlungen nicht aufgeben. Nicht nur angesichts dessen, dass sämtliche Behörden und Institutionen auf diesen Prinzip aufgebaut und installiert wurden und erhebliche Anpassungskosten entstehen würden, die Einführung des Nachsorgeprinzips ist ein Angriff auf das große Sicherheitsbedürfnis der europäischen Kultur.

Wahrscheinlicher wäre eine Einigung über die Anerkennung von US-Standards sowie US-Zertifizierungen anhand von Positivlisten, mit denen ein gleiches Schutzniveau erreicht wird wie in Europa. Mit Positivlisten wurde auch im Rahmen des CETA-Abkommens mit Kanada eine Anerkennung von bestimmten Standards erreicht. Eine andere Möglichkeit wäre der vollständige Abbau von Importzöllen für Agrarprodukte, die europäischen Standards entsprechen und somit den USA einen nötigen Anreiz offeriert (Rudloff, 2014). Den größten Kompromiss, den sich die Europäische Union erlauben würde, wäre den Marktzugang für hormonbelastete und chlorbehandelte Lebensmittel unter der Bedingung von erweiterten Kennzeichnungspflichten oder unter Einhaltung bestimmter Grenzwerte zu erlauben. Diese Maßnahme könnte aber ein Verstoß der WTO-Prinzipien über die Gleichstellung ausländischer und inländischer Waren darstellen, der ähnlich gelagert ist wie der Streit über das Importverbot für Thunfisch zwischen den USA und Mexiko aus dem Jahre 1991. Demnach forderte die USA Produktkennzeichnungsvorschriften für Thunfischprodukte, die entgegen dem amerikanischen Gesetz zum Schutz maritimer Säugetiere mit mehr Delphintötungen einhergingen, als es der amerikanische Standard zuließ. Das damalige Schiedsgericht der GATT entschied zugunsten von Mexiko mit der Begründung, dass Standards außerhalb der Importation keine Gültigkeit besitzen und Kennzeichnungen dieser Art diskriminierend wirken. Die USA schaffte es dennoch, durch die Einführung von privaten Labels „delfinfreundlicher Thunfisch" auf heimischen Thunfischprodukten die mexikanischen Thunfischprodukte vom US-Markt zu verdrängen (WTO, 2015; Rudloff, 2014).

Dieses Szenario kommt in Betracht, falls die USA ihre Überlegenheit als Hegemonialmacht ausspielt und mit Abbruch der Verhandlungen droht. Angesichts der schon laufenden Verhandlungen der USA mit der Asien-Pazifik-Region und der zunehmenden Ineffizienz der WTO, kann sich die Europäische Union ein Scheitern der TTIP-Verhandlungen nicht leisten. Besonders, da es Salatbauern seit der Ehec-Epidemie gestattet ist, Salat mit chloriertem Wasser zu entkeimen unter der Voraussetzung, dass Chlorat-Rückstände im Endprodukt ausgeschlossen werden können, wäre es möglich, dass die Union aufgrund mangelnder Beweislast über die Schädlichkeit auf Druck den Marktzugang für diese Lebensmittel öffnet (Von Petersdorf, 2014). Anders, wie bei der Doha-Runde der WTO, dessen Verhandlungen im Jahre 2001 begannen und 2008 Ergebnislos abgebrochen wurden, nachdem sich die beteiligten Staaten nicht über die Liberalisierung des Agrarhandels einigen konnten, muss in den TTIP-Verhandlungen eine Einigung erzielt werden. Die Absätze 4 bis 10 aus dem GATT-Abkommen regeln die Bedingungen für Freihandelszonen (Rudloff, 2014). Demnach dürfen ganze Sektoren nicht von einer Liberalisierung ausgenommen werden. Ob die USA allerdings auf einen vollständigen Marktzugang pocht, ist hinsichtlich der Tatsache, dass der Agrarsektor nur 1% der Beschäftigung in den USA ausmacht, nicht zu erwarten.

Um die Debatte der befürchteten Absenkung von Lebensmittelstandards hat der kritische Bereich der möglichen Senkung von Agrarsubventionen und Schutzzöllen kaum Beachtung gefunden. Tatsächlich ist es dieser Bereich, der für die europäische Seite die größten Risiken darstellt.

4.1.1 Europa – Vorreiter im Umweltschutz

In den USA ist der Agrarsektor in den letzten Jahren zunehmend industriell-kapitalistischer Natur, während in Europa in vielen Gebieten immer noch traditionelle Landwirtschaftsbetriebe vorzufinden sind. Für die Förderung artgerechter Tierhaltung und die Erhaltung vielfältiger Kulturlandschaften in Europa, zahlt die EU Finanzhilfen an Landwirtschaftsbetriebe. Die Produktion dient vor allem der inländischen Bevölkerung, der Rest der Produktionsmengen geht in den Export. Diese oft an natürliche Verhältnisse angepassten Agrarbetriebe, können ohne die Agrarsubventionen und Schutzzölle der Europäischen Union nicht mit den industriellen Produktionsbetrieben der USA am Weltmarkt standhalten. Agrarsubvention und Schutzzölle sind für alle OECD Staaten ein gängiges Außenhandelsinstrument, um die inländische Landwirtschaft zu schützen und bezahlbare Lebensmittel für die heimische Bevölkerung zu sichern. Die Weltmarktpreise werden durch die Subventionen der Industriestaaten künstlich niedrig gehalten. Eine Kürzung der Agrarsubventionen war auch Hauptanliegen der WTO im Rahmen der Doha-Runde. 60% der Bevölkerung in Entwicklungsländern leben von der Landwirtschaft und können mit den subventionierten Weltmarktpreisen nicht konkurrieren (RESET, 2015). Zur Förderung von Entwicklungsländern fordert die WTO seit Jahren die Kürzung von Agrarsubvention. Bei einer Liberalisierung des Agrarsektors sind inländische Landwirte den Weltmarktpreisen ausgesetzt. Es kommt zu einem Verdrängungswettbewerb zu Lasten der europäischen Agrarstruktur. Die USA besitzen durch ihre pragmatischen Methoden einen Kostenvorteil gegenüber der EU und können ihre Produkte somit günstiger am Weltmarkt anbieten. Für die Europäische Union bedeutet das zum einen, höhere Subventionszahlungen, um die weltweiten Exportverluste der europäischen Landwirte auszugleichen und zum anderen die Gefährdung von ökologischen Standards. Ungeachtet dessen, ob die EU genveränderte oder chlorbehandelte Lebensmittelimporte zulässt, der Weltmarkt kennt keinen Tier- und Umweltschutz. Die Autorität des Weltmarktes gibt europäischen Bauern wenig Anreize für eine regional ökologisch ausgerichtete Landwirtschaft. Die USA erzielt bis zu 22% mehr an Ernteerträge durch genveränderte Pflanzen (Kwasniewski, N., 2014). Dadurch stieg das Einkommen von amerikanischen Bauern in den letzten Jahren stark an. Für die Union sind die Vermeidung von Monokulturen, artgerechte Tierhaltung und der Klimaschutz seit Jahren zentrales Anliegen in der Agrarpolitik. Die Europäische Union fordert von Landwirten die Einhaltung bestimmter Standards im Bereich Tier-, Umwelt -und Verbraucherschutz, die nicht durch den Marktpreis abgegolten werden und sich im Preiskampf mit ausländischen Mitbewerbern als Wettbewerbsnachteil darstellen. Die Haltung von Hühnern in Legebatterien ist seit 2012 in der EU verboten, sowie der Einsatz von Antibiotika und Pestiziden, welche im Rest der Welt immer noch zum Standard gehören (Bund für Umwelt und Naturschutz Deutschland, 2014). Europa ist Vorreiter in Sachen Tierschutz und Umweltschutz. Dennoch könnten die jahrelangen Bemühungen der Europäischen Union nicht nur durch eine ungünstige Formulierung des Investorenklagerechts, sondern auch durch sinkende Souveränität und den damit verbundenen geringen demokratischen Einflussmöglichkeiten zunichtegemacht werden. Im Bereich des Umweltschutzes und Tierschutzes ist bei wachsender Interdependenz der Volkswirtschaften und sinkender Bedeutung von Staatlichkeit, der Weltmarkt und seine Verbraucher das einzige Regelwerk, das übrig bleibt.

In den letzten Jahren konnten unter anderem durch marktführende Lebensmittelketten wie Whole Foods Market in den USA eine wachsende Sensibilisierung für Bioprodukte und artgerechte Tierhaltung beobachtet werden. Amerikaner entwickeln ein stärkeres Bewusstsein für gesunde Ernährung. Naturkost-Supermärkte verzeichnen zweistellige Umsatzsteigerungen und das Angebot an Bio-Lebensmitteln wächst stetig. Besonders im Bundesstaat Kalifornien regt sich immer lauter werdender Protest gegen genveränderte Lebensmittel. Führende Unternehmen wie Chipotle, Trader`s Joe, Hershey Foods, Unilever und Wal-Mart reagieren auf die erhöhte Nachfrage der US-Verbraucher nach ökologisch angebauten Produkten und zwingen Wettbewerber zur Anpassung. Amerikaner haben in Sachen Umweltschutz und Nachhaltigkeit viel nachzuholen, dennoch ist ein klarer Trend zu erkennen, der einen Stand nach europäischem Maßstab anstrebt.

Durch die zunehmende Änderung von Verbrauchertendenzen in den USA ist nicht zu erwarten, dass sich der amerikanische Agrarsektor in Zukunft noch weiter von der europäischen Agrarstruktur entfernt, sondern vielmehr wird die USA von der europäischen Landwirtschaft lernen wollen. Befürchtungen, dass Umwelt- und Tierschutzstandards durch die Investitionsschutzklausel ausgehöhlt werden, sind begründet. Dennoch sprechen die beobachteten veränderten Marktgegebenheiten dafür, dass zumindest in den USA und in Europa der Markt für Unternehmen ohne Bewusstsein für den Umweltschutz und Nachhaltigkeit ein schrumpfender ist.

Die Debatte um die umstrittene Schiefergas- und Schieferöl-Fördermethode Fracking, stellt sich für die Amerikaner die Frage des Nutzens, während Europa die Risiken der Fracking Methode mit der Kohlenutzung und Kernenergie gleichsetzt. Besonders der hohe Wasserverbrauch und die möglichen Risiken für das Grundwasser stehen in der Kritik. Für die Amerikaner war die völlige Unabhängigkeit von Energieimporten durch Fracking das oberste Ziel, so konnte die USA mit einer Ölförderung von neun Millionen Barrel am Tag in wenigen Jahren zu einem der größten Energieproduzenten der Welt aufsteigen (Heinritzi, 2013). Während die CO_2-Emissionen weltweit wieder einen neuen Rekord erreicht haben, sind die CO_2-Emissionen in den USA durch Fracking gefallen. Allerdings haben die Bohrungen einen unerwünschten Nebeneffekt, der Austritt von Methan, welches die Erdatmosphäre noch stärker aufheizt als Kohlendioxid. Der Frackingboom erlebt seit dem fallenden Ölpreis Anfang Herbst 2014 einen Rückschlag. Zudem erhöhen sich die Berichte in der Fracking Hochburg North Dakota über Umweltschäden durch Lecks und die Freisetzung giftiger Substanzen durch unverantwortliche Fracking Unternehmen und lasche Kontrollen der Behörden, was wiederrum besonders in Kalifornien zu Demonstrationen führte und zu schärferen Umweltauflagen für die Fracking Unternehmen. Die USA versucht seitdem die kostenintensive Fördermethode zu optimieren, so konnte die Zahl der chemischen Beimischungen von 150 auf etwa 30 gesenkt werden und es wird nach Möglichkeiten gesucht, Bohrungen ohne Chemikalien durchzuführen, beispielsweise mit Propangas in Gelform (Heinritzi,, 2013).

Europa möchte den Umstieg auf erneuerbare Energien und lehnt die Brückentechnologie Fracking nicht nur wegen seinen möglichen Risiken ab, sondern auch, um die gerade begonnene Umweltbewegung der Amerikaner nicht zu gefährden. Das europäische Ziel ist die Unabhängigkeit von fossilen Brennstoffen und die Senkung von Treibhausgasen. Ein Ziel, das Europa nicht allein bewältigen kann. Das größte Hindernis für das europäische Umweltschutzmodell liegt im angestrebten Investorenschutz des TTIP-Abkommens. Der Investitionsschutz dient zum Schutz vor willkürlicher Enteignung und ermöglicht den Unternehmen gegen Auflagen des Gaststaates, die ihre geistigen Eigentumsrechte verletzen oder ihre Gewinnerwartungen verringert, Klage zu erheben. Naturschutz und umweltrechtliche Auflagen können beklagbar sein, wenn Investoren ihre Eigentumsrechte oder Gewinne dadurch beeinträchtigt sehen (Klodt, H.et al., 2014). Deutschland entschied im Frühjahr 2011 den Atomausstieg, welcher die Stilllegung der Atomkraftwerke Krümmel und Brunsbüttel vorsieht. Der schwedische Konzern Vattenfall verklagt die Bundesrepublik Deutschland auf Schadenersatz wegen Schmälerung ihrer Gewinnerwartungen durch das deutsche Atomausstiegsgesetz um 3,7 Milliarden Euro. Inländische Unternehmen wie e.on, EnBW und RWE ist es nicht möglich, auf diesem Weg Schadenersatz zu fordern. Umweltschutz, wie Europa es anstrebt, ist auf Gesetzgebung als Instrumentarium für den Umweltschutz angewiesen. Im deutschen Recht gilt die Eingriffsregelung als wichtigstes Instrument im Rahmen des Naturschutzes (Bund für Umwelt und Naturschutz Deutschland, 2014). Laut dieser Regelung gilt es, negative Auswirkungen auf Natur und Landschaft möglichst zu vermeiden, unvermeidbare negative Auswirkungen dürfen nur im Rahmen ausgleichender Naturschutzmaßnahmen getätigt werden. Jegliche Verschärfung von Umweltauflagen könnte im Rahmen des Investorenschutzes problematisch werden. Australien verschärfte Ende 2012 sein Tabakgesetz. Zigarettenschachteln müssen bestimmte Auflagen erfüllen, unter anderem werden sie mit abschreckenden Anti-Raucher Bildern bedruckt, sodass der Tabakkonzern Philip Morris dieses Gesetz als indirekte Enteignung von geistigem Eigentum betrachtete (Wälterlin, 2014). Das eigene Corporate Design des Konzerns konnte auf den Zigarettenschachteln nicht mehr angewendet werden. Der Konzern erhob im Rahmen des Investorenschutzes Klage gegen den australischen Staat. Das wichtigste Instrument des Investitionsschutzes ist das Investor-Staat-Schiedsverfahren, welches neben dem bestehenden öffentlichen Rechtssystem des Gaststaates eine zweite private Gerichtsbarkeit, den eines internationalen Schiedstribunals, vorsieht. Das Schiedsgericht dient vor allem bei Investitionen in einem Land mit einem unterentwickelten Rechtssystem (Bund für Umwelt und Naturschutz Deutschland, 2014). Die USA, als auch alle EU-Mitgliedsstaaten, verfügen über ein voll entwickeltes Rechtssystem, demnach ist eine parallele Gerichtsbarkeit in dieser Form unnötig. Dennoch wird ein umfassender Investorenschutz angestrebt, um die Basis für zukünftige Freihandelsabkommen, vor allem mit den asiatischen Ländern, zu schaffen und dort die Durchsetzung eines Investitionsschutzes zu erleichtern.

4.2 Ökonomisierung der Kultur

Die Europäische Union gilt als Verfechter kultureller Vielfalt, besonders Frankreich und Deutschland verstehen sich als Kulturnationen. Beide Staaten sind geprägt von Föderalismus für die Erhaltung der nationalen Kunst und Kultur. 90 Prozent der Ausgaben im Kunst- und Kultursektor wird vom Staat erbracht, nur 10 Prozent wird von Sponsoren oder Privatpersonen eingenommen. Die Kulturpolitik der USA sieht keine Beteiligung des Staates zur Förderung von Kunst und Kultur vor. Nur 10 Prozent der finanziellen Mittel im Kunst- und Kulturbereich kommen in den USA aus staatlicher Förderung (Deutscher Kulturrat, 2015).

Ein Instrument der Kulturförderung in Europa, unter anderem in Deutschland, Frankreich und Italien, ist die Buchpreisbindung. Das Buchpreisbindungsgesetz verpflichtet deutsche Verlage dazu, alle ihre verlegten Bücher zum Ladenpreis anzubieten und zu verkaufen, dabei macht es keinen Unterschied, ob sie als gedrucktes Buch oder als E-Book verkauft werden. Die Händler dürfen Bücher und E-Books dem Endabnehmer nicht unter den gebundenen Ladenpreis verkaufen. Dieses Gesetz dient zur Sicherstellung eines breit gefächerten Angebots an kulturellen wertvollen Titeln, sowie den Erhalt von regionalen kleinen Buchläden im Land. Befürworter des Buchpreisbindungsgesetzes argumentieren, dass wissenschaftlich wertvolle Literatur im Gegensatz zu Bestsellern und Belletristik ohne Buchpreisbindung unbezahlbar wäre. Händler würden im Preiswettbewerb das wissenschaftliche Literaturangebot einschränken, da diese schwache Verkaufszahlen aufweisen (Deutscher Kulturrat, 2015). Bücher gelten in Deutschland als Kulturgut, das heißt, sie besitzen keine ökonomische Funktion und sind den Gesetzen des Marktes nicht auszusetzen.

In den USA existiert kein Buchpreisbindungsgesetz. In USA gibt es wenige kleine Bookstores, dominiert wird der amerikanische Buchhandel von wenigen großen Anbietern wie Amazon und Barnes & Noble, dessen Buchpreise wesentlich teurer sind als in Deutschland. Bücher im Bereich Belletristik kosten in Deutschland im Durchschnitt 20,55 Dollar (15,48 €), während in den USA ein belletristisches Buch für durchschnittlich 27,67 Dollar verkauft wird (Deutscher Kulturrat, 2015). Monopolbildungen und die damit verbundene sinkende Vielfalt ist das Hauptargument für Kulturstaaten wie Deutschland und Frankreich, an das Buchpreisbindungsgesetz festzuhalten. Fördermittel sind im öffentlichen Sektor der USA im Allgemeinen unüblich. In den USA muss sich Kultur am Geschmack des Publikums orientieren und genauso wirtschaftlich handeln und denken wie ein Unternehmen. Die historisch geprägten Werte der amerikanischen Gesellschaft über individualistische Freiheit und die universalistische Auffassung von Chancengleichheit, prägt die amerikanische Kulturpolitik dahingehend, dass nur der eigene Ehrgeiz und das Engagement über Erfolg und Misserfolg entscheiden (Höhne, Steffen, 2005, S. 20). Die Eigenverantwortlichkeit eines jeden ist nicht nur im amerikanischen Verbraucherschutz dominierend, sondern in jedem Regelwerk der USA ist der Individualismus und die freie Wahl des Handelns Leitprinzip. Der ehemalige US-Präsident Jimmy Carter definierte die Rolle des amerikanischen Staates in seinem Zitat: „eine Regierung muss sich darauf beschränken, fruchtbaren Boden für die Kunst und für die Liebe zur Kunst zu schaffen" als Ermöglicher von Chancen und Möglichkeiten für Individuen und nicht als Produzent und Bewahrer von kollektiven und öffentlichen Gütern. (Höhne, Steffen, 2005, S. 22; Kopp Axel, 2015). Daraus folgt die Ökonomisierung der Kultur, die wie alles andere dem ökonomischen Wettbewerb unterliegt. Daraus resultiert die in Amerika vorherrschende populistische Kultur und die Abwesenheit und Ablehnung jeglicher intellektuellen Hochkultur, wie man sie in Europa findet. In Europa sind kulturelle Einrichtungen wie Museen, Theater und audiovisuelle Dienstleistungen wertende Instanzen. Sie garantieren Meinungsfreiheit und die Zugänglichkeit von Informationen für jeden und fungieren als Träger von kulturellen Werten. Die Vielfältigkeit ist nicht nur Charakterium europäischer

Kultur, sondern das entscheidende Merkmal der Europäischen Union. Europa hat weder die eine Sprache noch die eine Kultur. Die EU ist eine Werteunion, aufgebaut auf den gegenseitigen Respekt und der Einheit in Verschiedenheit, nicht der Uniformität.

Im Rahmen der Marktliberalisierung von kulturellen Dienstleistungen kann die Förderung dieser kulturellen Vielfalt als Wettbewerbsverzerrung gesehen werden. Besonders der amerikanische Konzern Amazon sieht die Buchpreisbindung als Handelshemmnis. Der Konzern hat vor allem im Bereich E-Books und E-Readers eine monopolitische Marktstellung. In Ländern mit Buchpreisbindung liegen die E-Book Verkäufe unter den Erwartungen des Konzerns.

Für die Erhaltung der kulturellen Vielfalt ratifizierte die EU die UNESCO-Konvention zum Schutz und zur Förderung der Vielfalt kultureller Ausdrucksformen von 2005 in Paris. Diese sichert die Kultur und die eigenständige Kulturpolitik des Staates vor einer Handelsliberalisierungsverpflichtung im Rahmen eines Freihandelsabkommens, einschließlich der Kulturförderung. Die USA hat die UNESCO-Konvention nicht ratifiziert (Pankower allgemeine Zeitung, 2013). Alle Maßnahmen, die ein Staat unternimmt, um seine kulturelle Vielfalt zu sichern, stellen laut UNESCO-Konvention keine Wettbewerbsverzerrung dar, somit darf alles, was zur kulturellen Vielfalt eines Landes gehört, gefördert werden und unterliegt nicht den Bedingungen des freien Wettbewerbs. Die Frage, was zur kulturellen Vielfalt Europas gehört und was nicht, obliegt in der Definition der europäischen Kommission im Rahmen der TTIP-Verhandlungen und lässt auch hier Spielraum für Liberalisierungsmaßnahmen. Auf Druck der französischen Regierung wurden die audiovisuellen Dienstleistungen aus den TTIP-Verhandlungen ausgenommen, andere allgemeine kulturelle Dienstleistungen sind Verhandlungsinhalt.

4.3 Gewährleistung der Daseinsvorsorge

Die öffentliche Daseinsvorsorge stellt und gewährleistet die Grundversorgung der Bürger und Bürgerinnen. Im Vertrag über die Arbeitsweise der Europäischen Union Artikel 14 ist die Daseinsvorsorge als Dienstleistung von allgemeinem wirtschaftlichem Interesse erfasst, die marktbezogene oder nicht marktbezogene Leistungen im Interesse der Allgemeinheit erbringen. Der AEUV ist das Protokoll Nr. 26 über Dienste von allgemeinem Interesse beigefügt, welches die Bedeutung der kommunalen Selbstverwaltung bei Erbringung von Dienstleistungen von allgemein wirtschaftlichem Interesse anerkennt. Dienstleistungen gemäß Artikel I Absatz 3 des GATS-Abkommens in hoheitlicher Gewalt, die weder zu kommerziellen Zwecken noch im Wettbewerb mit einem oder mehreren Dienstleistungserbringern erbracht werden, sind von den TTIP-Verhandlungen ausgenommen. Die Abfallentsorgung, öffentliche Verkehrsmittel, Bildungs- und Kultureinrichtungen, Versicherungen sowie die Wasser – und Energieversorgung sind daher keine Dienstleistungen im Sinne des Artikel I Absatz 3 des GATS-Abkommens und somit Verhandlungsinhalt für TTIP. Die Europäische Kommission möchte laut ihrem Mandat „Marktzugangsmöglichkeiten […] erzielen, indem noch vorhandene, seit langem bestehende Hemmnisse für den Marktzugang angegangen werden, wobei die Empfindlichkeit bestimmter Wirtschaftszweige anerkannt wird".

Es wird eine ambitionierte Liberalisierung angestrebt, die über den bisherigen Marktzugangsbestimmungen des WTO-Dienstleistungsabkommens GATS hinausgeht. Jegliche Diskriminierung, die ausländische Anbieter daran hindert, ihre Dienste anzubieten, soll abgeschafft werden. Das Ziel des GATS-Abkommens ist die weitgehendste Minimierung von staatlicher Regulation und Beteiligung. Die Gewährleistung der Grundversorgung ist im keinen Fall zwingend an einer bestimmten Organisationsform gebunden, so kann sie vom Staat, privaten und ausländischen Dienstleistern erfolgen. Unabhängig davon, ob die Grundversorgung von privaten Dienstleistern oder von staatlichen Monopolen ausgeübt wird, verpflichtet sich der EU-Mitgliedsstaat durch die mitgliedsstaatliche Gewährleistungsverantwortung der EU aus dem Vertrag von Lissabon für die ordnungsgemäße Bereitstellung der Grundversorgung (Franzius, 2009, S. 121). Die Anforderungen an die Grundversorgung sind stets die hohe Qualität, die ausreichende Verfügbarkeit sowie die Erschwinglichkeit und die Zugängigkeit für alle Bürger.

Zwischen der Europäischen Union und der USA herrscht Einigkeit über die Definition der Daseinsversorge sowie deren Anforderungen. Die Unterschiede liegen in der jeweiligen Auffassung, welche Rolle der Staat bei der

Bereitstellung der Daseinsvorsorge einnimmt. In den EU-Mitgliedsstaaten wird die Daseinsvorsorge unterschiedlich geregelt. In Frankreich und Deutschland wird die Grundvorsorge durch staatliche Monopole sichergestellt. Großbritannien hat seinen Versorgungssektor komplett privatisiert. In den USA fällt die Daseinsvorsorge unter den Begriff „public utilities" und wird von privaten Unternehmen bereitgestellt (Simon, 2009, S. 11-34).

Die europäische soziale Marktwirtschaft und die europäische Wertvorstellung basieren auf dem Prinzip der sozialen Gerechtigkeit und dem damit verbundenen Anspruch und der Forderung auf gleichberechtigen Zugang für Dienstleistungen des menschlichen Daseins. Dem Staat wird dabei das höchste Maß an Rationalität zugewiesen, die Interessen der Bürger im vollen Umfang jenseits von Angebot und Nachfrage zu repräsentieren. Anders als in Deutschland ist die USA im Rahmen ihrer freien Marktwirtschaft überzeugt, dass private Dienstleister die Grundversorgung der Bürger gleichermaßen zu den gegebenen Anforderungen sicherstellen können. Das Rechtssystem der USA basiert aus dem englischen Recht des common law. Anders als im römischen Recht wird in common law zwischen öffentlichen und privaten Recht nicht unterschieden (Simon, 2009, S. 39). Demnach gibt es in den USA kein gesondertes Recht, welches das Verhältnis vom Staat zum Bürger regelt und keine damit verbundenen Ansprüche auf Organisation und Funktionalität des Staates.

Die Bildung gehört für die Europäische Union zur Kultur und ist demnach ein öffentliches Gut, das nicht dem Gesetz des Marktes ausgesetzt ist. Der freie Zugang zu Kultur und Bildung, Wasser und Energie ist gemäß der Charta der Grundrechte der Europäischen Union Leitprinzip europäischer Daseinsvorsorge. In der EU wird Chancengleichheit durch Bildung angestrebt und somit eine tatsächliche Gleichheit der Lebensumstände im Form von Egalitarismus sicherzustellen. In den USA versteht sich die Chancengleichheit durch individuelle Freiheit ohne staatliche Beschränkung mit Engagement und Leistung im eigenen Ermessen nach Erfolg und Glück zu streben (Höhne, 2005). Daraus resultiert, dass Amerikaner, im Gegensatz zu EU-Bürgern, keinen Anspruch auf freien Zugang zu Bildung erheben. Der freie Zugang zu Bildung ist in den USA kein Recht, sondern ein Privileg.

Im Rahmen der Liberalisierung der Daseinsvorsorge hat die USA ein besonderes Interesse im Bereich der Erwachsenenbildung, in der Form von kostenpflichtigen Weiterbildungsprogrammen. Auch der weitere Abbau an Handelshemmnissen für Privathochschulen wird angestrebt, wie geschehen in der Bologna-Reform von 1999 der europäischen Hochschulbildung, mit der Einführung von vergleichbaren Abschlüssen wie dem Master und dem Bachelor und dem Mehr an privaten Hochschulen nach amerikanischem Vorbild (Deutscher Kulturrat, 2015). Im Rahmen der Liberalisierung der öffentlichen Dienstleistungen wird nicht, wie bei WTO üblich, mit dem Positivlisten-Ansatz gearbeitet, sondern mit dem Negativlisten-Ansatz. Das bedeutet, dass Bereiche, die unter die Liberalisierungsmaßnahmen fallen, nicht explizit genannt werden, stattdessen werden alle Sektoren genannt, die bei den Verhandlungen unberührt bleiben sollen. Das lässt eine weitergehende Liberalisierung vermuten, die auch Spielraum für zukünftige Regulierungen im Rahmen der gemeinsamen angestrebten Kooperation ermöglicht.

4.4 Das Dilemma der demokratischen Legitimation

Ob die Ratifizierung des TTIP-Abkommens allein durch die Europäische Union erfolgt, wird von den endgültigen Verhandlungsergebnissen abhängen. Höchstwahrscheinlich wird es sich um ein sogenanntes gemischtes Abkommen handeln, welches die Zustimmung aller 28 EU-Mitgliedsstaaten voraussetzt. Es ist nicht davon auszugehen, dass die Europäische Union und die USA ohne eine grundlegende Gesetzesänderung mit der Gefährdung der eigenen kulturellen Identität ein signifikantes Verhandlungsergebnis im Rahmen des Abbaus von nicht-tarifären Handelshemmnissen in Kultur-, Agrar- und Verbraucherschutz erreichen. Eine Reduzierung der nichttarifären Handelshemmnisse von nicht mehr als 25 Prozent kommt als realistische Größe in Betracht. Ein größerer Erfolg wird durch die zukünftige regulatorische Kooperation der beiden Handelspartner erzielt. Die USA wird im Vorfeld vor dem Gesetzesvorschlag der Europäischen Kommission und Verabschiedung durch das Europäische Parlament und dem Ministerrat über neue Verordnungen und Richtlinien und deren Umsetzungsmaßnahmen informiert. Dabei soll ein Regulierungsrat gemeinsame Vereinbarungen treffen und den ständigen und koordinierten Informationsaustausch gewährleisten (Europäische

Kommission, 2015). Die demokratische Legitimation der USA ergibt sich aus ihrer Heterogenität und durch das Handeln des demokratisch gewählten Kongresses. Die demokratische Legitimation dieser transatlantischen Abstimmung mit den USA ist durch die 28 EU-Kommissare und dem Präsidenten der Europäischen Kommission mit ihrem alleinigen Initiativrecht zur Gesetzgebung und den Demokratiedefizit der EU nicht gegeben.

Die Motivation, das TTIP-Abkommen trotz aller Schwierigkeiten so schnell wie möglich abzuschließen, beruht nicht vorrangig auf die minimalen erwarteten wirtschaftlichen Gewinne, sondern auf die letzte politische Möglichkeit, in Zeiten der schwindenden Bedeutung von Staat und dessen Souveränität, die hohen westlichen Standards als Geostandards in der Welt zu etablieren.

Das TTIP-Abkommen ist mehr als ein bilaterales Freihandelsabkommen. Die Regeln, welche die zwei größten Wirtschaftsmächte für die Geoökonomie setzen, gelten letztlich für den Rest der Welt, ohne dass diese noch multilateral oder bilateral ausgehandelt werden müssen.

6 Fazit

Ziel war es, die wirtschaftliche Bedeutung des TTIP-Abkommens zu untersuchen und zu bewerten sowie die Vermittlung der kulturellen Zusammenhänge und deren zentrale Bedeutung für die Verhandlungen der transatlantischen Handels-und Investitionspartnerschaft darzulegen. Um die treibenden Kräfte und Motive des TTIP-Abkommens zu erfassen, wurde zunächst dargelegt, in welchem gewandelten Umfeld sich die politischen Akteure in Zeiten der Globalisierung und der damit verbundenen zunehmenden Interdependenz der Staaten befinden. Dabei wurde festgestellt, dass sich die Welt zunehmend vernetzt und wirtschaftliche Beziehungen sich nicht allein durch den Globalisierungsprozess vertiefen, sondern durch Integrationsmaßnahmen in Form von Regionalisierung. Es zeigt sich, dass die Bemühungen der World Trade Organisation nicht effizient genug sind, was die steigenden zwischenstaatlichen Abkommen erklärt. Negative Integrationsformen, wie beispielsweise das NAFTA-Abkommen sind geleitet von nationalen Interessen und den Machtpositionen der Vertragspartner und können somit unmöglich zum Ziel der Globalität beitragen. Zwar sind die Märkte der Welt durch eine Geoökonomie miteinander verbunden, aber eine Weltgesellschaft und den damit verbundenen Zustand von Globalität ist nicht erreicht und wird auch nicht allein durch wirtschaftliche Integration erreicht werden. Das Ziel einer Weltgesellschaft mit gemeinsamen Wertvorstellungen und Standards bleibt vorerst eine Utopie. Die Entwicklungschronik zeigte, dass schon seit den neunziger Jahren versucht wurde, die führenden Industriestaaten durch ein multilaterales Abkommen gegenüber dem Rest der Welt zu vereinen. Das steigende Wirtschaftswachstum von den BRIC -Staaten der letzten Jahren sorgte für die nötige Dringlichkeit und brachte die transatlantische Handels- und Investitionspartnerschaft auf den Weg. Daraufhin wurden die konkreten Beweggründe zur wirtschaftlichen Integration der beiden Wirtschaftsmächte im Kapitel 2.2.1. veranschaulicht. Die USA und die EU pflegen zum jetzigen Zeitpunkt bereits eine enge Wirtschaftsbeziehung. Sie repräsentieren jeweils für einander die wichtigsten Handelspartner und beide Wirtschaftsregionen stehen für 60 Prozent aller ausländischen Direktinvestitionen. Die durchschnittlichen Zölle befinden sich ohnehin auf einem niedrigen Niveau von 3% auf beiden Seiten. Dennoch zeigte die

ECORYS-Studie, dass Unternehmen durchschnittliche Mehrkosten von 25,4% durch nichttarifäre Handelshemmnisse erleiden. Neben den wirtschaftlichen Vorteilen durch Senkung der Handelskosten und der Handelsschaffung auf beiden Seiten, wurde auch deutlich, dass sich die Europäische Union und die Vereinigten Staaten in erster Linie eine Machtposition am Weltmarkt gegenüber aufstrebenden Wirtschaftsmächten wie China sichern wollen. Besonders die USA muss fürchten, von China als wichtigster Handelspartner für die EU verdrängt zu werden. Die zentralen Verhandlungsobjekte aus dem Mandat der Europäischen Kommission verdeutlichen das Gewicht und die Reichweite des TTIP-Abkommens. Schwerpunktmäßig wird der Marktzugang für Dienstleistungen, öffentliche Beschaffung und Daseinsvorsorge angestrebt. Als problematisch zeigt sich schon jetzt die genaue Formulierung des angestrebten Investitionschutzkapitels.

Ausgehend von den schlechten Wirtschaftsprognosen der EU und der andauernden Eurokrise sowie den positiven Wachstumsraten der USA, wurden die erwarteten wirtschaftlichen Auswirkungen des TTIP-Abkommens anhand von einschlägigen Studien in Kapitel 3 beleuchtet. Es zeigte sich, dass je nach verwendetem Modell die Ergebnisse der einzelnen Studien unterschiedlich stark ausfielen. Auf Basis des Gravitationsmodells zeigen sich stärkere Ergebnisse als beim üblichen CGE-Modell, wonach die Studie des ifo-Instituts mit Zuwächsen für das Bruttoinlandsprodukt der USA mit 13,40% und der EU mit 4,95% im Kontrast zu den anderen Studien mit Ergebnissen von jeweils 0,2 – 0,7 % Zuwächsen für das Bruttoinlandsprodukt steht. Weiterhin sind nach der ifo-Studie eine Handelsschaffung von mindestens 79% und ein globaler Anstieg des Realeinkommens von durchschnittlich 3,3% möglich. Drittländer wie Kanada und Mexiko müssten mit negativen Wohlfahrtseffekten aufgrund von Handelsumlenkungseffekten rechnen. Andere Studien gehen von einer Handelsschaffung von 29% aus. Länder, die bereits eine enge Handelsbeziehung mit den USA unterhalten, profitieren am stärksten, aber auch die innereuropäische Nachfrage steigt durch die vermehrten Exporte in die USA. Die CEPR-Studie rechnet mit einen Haushaltsplus von 545€ für die EU und 655€ für die USA, während die ECORYS-Studie ein Plus von 12.300€ für EU-Haushalte und 6.400€ für US-Haushalte errechnet. Anders wie die ifo-Studie gehen die CGE-Modell-Studien von positiven Wohlfahrtseffekten für

Drittländer von +0,14% aus. Die Ergebnisse sind alle langfristig gesehen, demnach kann mit Wohlfahrtseffekten von weniger als 0,5% im Jahr gerechnet werden. Die ifo-Studie zeigt zum Teil unrealistische Zahlen und auch die anderen Studien weisen Mängel bezüglich ihrer Modellierung auf. Am NAFTA-Abkommen und dessen vorangegangenen Studien wurde deutlich, dass Wohlfahrtseffekte tendenziell überbewertet werden. Sicher ist, dass die Exporte steigen und der Wettbewerb zunimmt, was wiederum die Beschäftigung und Produktivität stimuliert. Laut ifo-Studie ergeben sich 28.000 neue Jobs weltweit und ganze 2 Millionen weltweit laut Bertelsmann Stiftung. Reallöhne steigen durchschnittlich 2 – 8%, wonach qualifizierte Arbeitnehmer am ehesten davon profitieren.

Durch die hohen Importzölle und nichttarifäre Handelshemmnisse im Agrarsektor würde dieser neben dem Automobil-und Maschinenbausektor vom TTIP-Abkommen am stärksten profitieren. Die US-Automobilbranche kann durch ihre jetzigen starken Wachstumsraten Exportsteigerungen von 207 – 346 % realisieren, während europäische Unternehmen mit Exportzuwächsen von 71 – 148 % rechnen können. Die Studienergebnisse zeigen ausgehend von schwachen Wirtschaftsprognosen für die EU und der Eurokrise ein stärkeres Wachstum für einzelne Sektoren der USA, als für die Sektoren der Union. Zudem wurde deutlich, dass sich die Vorleistungsstrukturen innerhalb der Europäischen Union stark ändern, wonach eine Abwanderung von Produktion und Beschäftigung in den einzelnen Sektoren aufgrund niedriger Energiepreise der USA in die NAFTA-Region denkbar ist.

In Kapitel 4 wurden die kulturellen Zusammenhänge und deren Bedeutung für die Verhandlungen dargestellt. Es zeigte sich zu Beginn, dass Politiker auf die Willensbildung von transnationalen Akteuren angewiesen sind und der Autorität des Marktes ausgesetzt sind, dennoch jede Handlung vor dem Bürger legitimieren müssen. Im Rahmen der TTIP-Verhandlungen ist die kulturelle Identität des Bürgers unweigerlich betroffen. Im Verbraucherschutz wurde ersichtlich, dass es nicht um die Frage geht, welches jeweilige angewendete Prinzip das bessere darstellt, sondern wie eine Kultur mit Risiko und Ambiguität umgeht und wem die Verantwortung für Wohlfahrt des Einzelnen übertragen wird. Das Vorsorgeprinzip erfüllt das Sicherheitsbedürfnis der europäischen Kultur und weist den Staat die Ordnungsfunktion zu, die er im Verständnis des

EU-Bürgers haben sollte. Für den Amerikaner ist der Staat jener, der die Rahmenbedingungen setzt, wonach jede Verantwortung dem Verbraucher zum Teil wird. Im weiteren Verlauf wurde ersichtlich, dass die EU ein Verfechter für kulturelle Vielfalt ist und sich hohe Ziele und Standards bezüglich des Umweltschutzes gesetzt hat. Die Umwelt ist für die EU ein öffentliches Gut, was auf Basis des Subsidiaritätsprinzips von jeden Einzelnen für alle geschützt werden muss. Der Amerikaner hingegen ist der Ansicht, dass der Einzelne wenig Einfluss auf die Umwelt hat und schützt dabei nur seine individuelle Gesundheit und die ihn umgebene Umwelt. Bücher, Museen, Theater und Bildung gelten in der EU als Kulturgut und sind vom ökumenischen Wettbewerb auszuschließen. Sie haben eine wertende Funktion und werden als kollektives Gut vom Staat geschützt. In den USA ist die Kultur ökonomisiert, demzufolge eine populistische Kultur und die Abwesenheit einer Hochkultur in der Gesellschaft präsent ist. Für den Europäer ist der Staat der rationalste Repräsentant um die Interessen der Bürger zu vertreten. Der Anspruch auf dessen Funktionalität ist im öffentlichen Recht der EU definiert. In den USA ergibt sich aus dessen Rechtssystem kein Anspruch auf kulturelle Vielfalt oder freie Bildung. Die wesentlichen Unterschiede machen deutlich, dass ohne die Berücksichtigung dieser kulturellen Gegebenheiten das TTIP-Abkommen ein Angriff auf die kulturelle Identität bedeuten würde. Eine Annährung von mehr als 25% ist aufgrund der kulturellen Gesellschaftsprägung nicht realistisch und lässt sich nur durch die zukünftige transatlantische regulatorische Kooperation ausdehnen.

Das TTIP-Abkommen ist trotz aller Schwierigkeiten und des fehlenden demokratischen Einflusses der 800 Millionen, die es betrifft, die letzte und einzige Möglichkeit, eine Welthandelsordnung auf einem Grundstein von Demokratie, Freiheit, Toleranz, Gleichheit und Rechtsstaatlichkeit zu etablieren.

Literaturverzeichnis

Auswärtiges Amt. (2014). *EU und USA*. Abgerufen am 15. März 2015 von http://www.auswaertiges-amt.de/DE/Aussenpolitik/RegionaleSchwerpunkte/USA/EU-USA_node.html

Beck, U. (1998). *Was ist Globalisierung?* Berlin: Suhrkamp.

Bertelsmann Stiftung. (2013). *Die Transatlantische Handels- und Investitionspartnerschaft (THIP) Wem nutzt ein transatlantisches Freihandelsabkommen*. Abgerufen am 11. März 2015 von http://www.bertelsmann-stiftung.de/fileadmin/files/Projekte/87_Global_Economic_Symposium/STUDIE_Die_Transatlantische_Handels-und_Investitionspartnerschaft__THIP_.pdf

Bieling, H.-J.& Lerch, M. (2012). *Theorien der europäischen Integration* (2. Ausg.). Wiesbaden: VS Verlag.

BMWi. (2013). *Leitlinien für die Verhandlungen über ein umfassendes Handels- und Investitionsabkommen – bezeichnet als Transatlantische Handels- und Investitionspartnerschaft – zwischen der Europäischen Union und den Vereinigten Staaten von Amerika*. Abgerufen am 11. März 2015 von http://www.bmwi.de/BMWi/Redaktion/PDF/S-T/ttip-mandat-kommentiert,property=pdf,bereich=bmwi2012,sprache=de,rwb=true.pdf

BMWi. (2015a). *Comprehensive Economic and Trade Agreement (CETA)*. Abgerufen am 14. März 2015 von http://www.bmwi.de/DE/Themen/Aussenwirtschaft/Handelspolitik/europaeische-handelspolitik,did=643010.html

BMWi. (2015b). *Verhandlungen und Akteure*. Abgerufen am 17. März 2015 von http://www.bmwi.de/DE/Themen/Aussenwirtschaft/ttip.html

Bund für Umwelt und Naturschutz Deutschland. (2014). *Das Gemeinwohl ist nicht ver(frei)handelbar*. Abgerufen am 20. April 2015 von http://www.bund.net/fileadmin/bundnet/publikationen/sonstiges/140807_bund_sonstiges_ttip_position.pdf

CEPR; Centre for Economic Policy Research. (2013). *Reducing Transatlantic Barriers to Trade and Investment - An Economic Assessment.* Abgerufen am 25. März 2015 von http://trade.ec.europa.eu/doclib/docs/2013/march/tradoc_150737.pdf

Deutscher Kulturrat. (2015). *Materialien und Texte zu TTIP.* Abgerufen am 22. März 2015 von http://www.kulturrat.de/dossiers/ttip-dossier.pdf

Die Europäische Kommission. (2013a). *Directives for the negotiation on the Transatlantic Trade and Investment Partnership between the European Union and the United States of America.* Abgerufen am 17. April 2015 von http://data.consilium.europa.eu/doc/document/ST-11103-2013-DCL-1/en/pdf

Die Europäische Kommission. (2013b). *Transatlantic Trade and Investment Partnership The Economic Analysis Explained.* Abgerufen am 23. April 2015 von http://trade.ec.europa.eu/doclib/docs/2013/september/tradoc_151787.pdf

Die Europäische Kommission. (2013c). *Wasserversorgung - kein Bestandteil der TTIP Verhandlungen.* Abgerufen am 17. April 2015 von http://trade.ec.europa.eu/doclib/docs/2013/december/tradoc_152029.pdf

Die Europäische Kommission. (2015). *Initial Provisions for Regulatory Cooperation.* Abgerufen am 17. April 2015 von http://trade.ec.europa.eu/doclib/docs/2015/february/tradoc_153120.pdf

Dpa Globus. (2014). *Die wichtigsten Handelspartner der EU.* Abgerufen am 12. März 2015 von http://www.fes-online-akademie.de/fileadmin/Inhalte/01_Themen/01_Europa/bilder/Graphiken/140815_EU_-_wichtigste_Handelspartner.pdf

Eco America. (2006). *The American Environmental Values Survey.* Abgerufen am 11. April 2015 von http://ecoamerica.org/wp-content/uploads/2013/02/AEVS_Report.pdf

ECORYS Nederland BV. (2009). *Non-Tariff Measures in EU-US Trade and Investment – An Economic Analysis.* Abgerufen am 21. März 2015 von http://trade.ec.europa.eu/doclib/docs/2009/december/tradoc_145613.pdf

Erixon, F. & Bauer, M. . (2010). *A Transatlantic Zero Agreement: Estimating the Gains from Transatlantic Free Trade in Goods, Study for the European Centre For International Political Economy.* Abgerufen am 22. März 2015 von http://www.ecipe.org/publications/a-transatlantic-zero-agreement-estimating-the-gains-from-transatlantic-free-trade-in-goods/

Eurostat. (2014). *Internationalen Warenverkehr der Europäischen Union.* Abgerufen am 23. März 2015 von http://ec.europa.eu/eurostat/statistics-explained/index.php/International_trade_in_goods/de

Felbermayr, G. & Kohler W. (2015). *TTIP und die Entwicklungsländer: Gefahren, Potenziale und Politikoptionen.* Abgerufen am 25. April 2015 von http://www.cesifo-group.de/DocDL/ifosd_2015_02_3.pdf

Felbermayr, Gabriel et al. (2014). *Study on TTIP Impacts on European Energy Markets and Manufacturing Industries, Study for the European Parliament .* Abgerufen am 02. April 2015 von http://www.cesifo-group.de/portal/page/portal/DocBase_Extern/External_Publications/2014_External_Publications/Study-TTIP-Impacts-2014.pdf

Focus Online. (2015). *IWF senkt Konjunkturprognosen für Deutschland und Weltwirtschaft.* Abgerufen am 22. März 2015 von http://www.focus.de/finanzen/news/schwaecheres-wirtschaftswachstum-iwf-senkt-konjunkturprognosen-fuer-deutschland-und-weltwirtschaft_id_4417212.html

Franzius, C. (2009). *Gewährleistung im Recht: Grundlagen eines europäischen Regelungsmodells öffentlicher Dienstleistungen.* Tübingen: Mohr Siebeck.

Heinritzi, J. (2013). *Fracking: Das steckt hinter dem Schiefergas-Hype für Focus Money.* Abgerufen am 14. April 2015 von http://www.focus.de/finanzen/boerse/tid-28920/oel-und-gas-revolution-mit-rendite-so-funktioniert-fracking_aid_895495.html

Hofstede, G. (2010). *Cultures and Organizations - Software of the Mind: Intercultural Cooperation and Its Importance for Survival.* New York, USA: Mcgraw-Hill Publ.Comp.

Höhne, S. (2005). *Amerika, Du hast es besser?: Kulturpolitik und Kulturförderung in kontrastiver Perspektive.* Leipzig: Leipziger Uni-Vlg.

ifo-Institut – Leibniz-Institut für Wirtschaftsforschung an der Universität München e. V. (2013). *Dimensionen und Auswirkungen eines Freihandelsabkommens zwischen der EU und den USA.* Abgerufen am 25. März 2015 von http://www.bmwi.de/DE/Mediathek/publikationen,did=553962.html

Katenhusen, I. (2003). *Demokratien in Europa. Der Einfluss der europäischen Integration auf Institionswandel und neue Konturen des demokratischen Verfassungsstaates.* Opladen: Leske + Budrich.

Klodt, H.et al. (2014). *Investitionsschutzabkommen: mehr Rechtssicherheit oder Verzicht auf Souveränität?* Abgerufen am 16. April 2015 von http://www.wirtschaftsdienst.eu/archiv/jahr/2014/7/investitionsschutzabkommen-mehr-rechtssicherheit-oder-verzicht-auf-souveraenitaet/

Kopp, A. (2011). *Kulturfinanzierung in Amerika: Vorbild oder Feindbild?* Abgerufen am 16. April 2015 von http://www.axelkopp.com/2011/08/kulturfinanzierung-in-amerika-vorbild-oder-feindbild/

Krajewski, M. & Kynas, B. für die Hans-Böckler-Stiftung. (2014). *Auswirkungen des Transatlantischen Handels- und Investitionsabkommens (TTIP) auf den Rechtsrahmen für öffentliche Dienstleistungen in Europa.* Abgerufen am 13. März 2015 von http://www.boeckler.de/pdf_fof/S-2014-720-1-1.pdf

Kwasniewski, N. (April 2014). *Freihandelsabkommen mit den USA: Agrarbündnis warnt vor Chlorhühnchen und Genpflanzen für Spiegel Online.* Abgerufen am 20. April 2015 von http://www.spiegel.de/wirtschaft/service/kritischer-agrarbericht-warnt-vor-freihandelsabkommen-a-943731.html

Lemke, C. (2012). *Internationale Beziehungen: Grundkonzepte, Theorien und Problemfelder.* München: Oldenbourg Verlag.

OECD. (2013). *The Transatlantic Trade and Investment Partnership - Why does it matter?* Abgerufen am 25. März 2015 von http://www.oecd.org/trade/TTIP.pdf

Pankower allgemeine Zeitung. (2013). *Freihandelsabkommen bedroht Kultur-Vielfalt.* Abgerufen am 12. April 2015 von http://www.pankower-allgemeine-zeitung.de/2013/05/11/freihandelsabkommen-bedroht-kultur-vielfalt/

Peuker, B. (2011). *Gentechnik ernährt die Welt?* Abgerufen am 17. April 2015 von http://www.gen-ethisches-netzwerk.de/gid/209/peuker/gentechnik-ern%C3%A4hrt-welt

PWC. (2013 - 2015). *Der US-Automobilmarkt kommt schneller wieder in Fahrt als der europäische.* Abgerufen am 01. April 2015 von http://www.pwc.de/de/automobilindustrie/der-us-automobilmarkt-kommt-schneller-wieder-in-fahrt-als-der-europaeische.jhtml

Raza; Werner et al. (2014). *ASSESS_TTIP: Eine Einschätzung der behaupteten Vorteile der transatlantischen Handels- und Investitionspartnerschaft (TTIP).* Abgerufen am 26. März 2015 von http://www.oefse.at/publikationen/detail/publication/show/Publication/ASSESS-TTIP-Eine-Einschaetzung-der-behaupteten-Vorteile-der-transatlantischen-Handels-und-Investit/

RESET; Hanano, R. (Datum unbekannt). *Agrarhandel.* Abgerufen am 12. April 2015 von http://reset.org/wissen/agrarhandel-0

Rudloff, B. (2014). *Lebensmittelstandards in Handelsabkommen für die Stiftung Wissenschaft und Politik.* Abgerufen am 22. April 2015 von http://www.swp-berlin.org/fileadmin/contents/products/aktuell/2014A63_rff.pdf

Simon, S. (2009). *Liberalisierung von Dienstleistungen der Daseinsvorsorge im WTO- und EU-Recht.* Tübingen: Mohr Siebeck.

Spiegel Online. (2015). *Wirtschaftskrise: Arbeitslosigkeit in Frankreich auf Rekordhoch.* Abgerufen am 20. März 2015 von http://www.spiegel.de/wirtschaft/soziales/arbeitslosigkeit-in-frankreich-auf-rekordhoch-a-1015346.html

Tagesschau.de. (2015). *Daten zur Eurokrise.* Abgerufen am 22. März 2015 von http://www.tagesschau.de/wirtschaft/wirtschaftsdaten104.html

Thiemeyer, G. (2010). *Europäische Integration.* Köln: Böhlau.

Vimentis. (2012). *Die Europäische Union (EU).* Abgerufen am 30. März 2015 von http://www.vimentis.ch/d/publikation/321/Die+Europ%C3%A4ische+Union+%28EU%29.html

Von Petersdorf . (2014). *Bei uns gibt's heute Chlorhuhn für die FAZ.* Abgerufen am 24. April 2015 von http://www.faz.net/aktuell/wirtschaft/wirtschaftspolitik/freihandelsabkommen-ttip-bei-uns-gibt-s-heute-chlorhuhn-13089894.html

Wälterlin, U. (2014). *Philip Morris wirft in Australien hin für das Handelsblatt.* Abgerufen am 15. April 2015 von http://www.handelsblatt.com/unternehmen/handel-konsumgueter/scharfe-tabakgesetze-philip-morris-wirft-in-australien-hin/9705784.html

Welfens, P.J.J, Korus, A.& Irawan, T. (2014). *Transatlantisches Handels- und Investitionsabkommen: Handels-, Wachstums- und industrielle Beschäftigungsdynamik in Deutschland, den USA und Europa.* Stuttgart: Lucius & Lucius Verlagsgesellschaft mbh.

World Bank. (2015). *Data United States.* Abgerufen am 23. März 2015 von http://data.worldbank.org/country/united-states

WTO. (2014). *United States — Measures Concerning the Importation, Marketing and Sale of Tuna and Tuna Products.* Abgerufen am 9. April 2015 von https://www.wto.org/english/tratop_e/dispu_e/cases_e/ds381_e.htm

Zentrum für interkultuerelles Management. (2015). *Kulturdimension nach Hofstede.* Abgerufen am 12. April 2015 von http://www.interkulturelles-management.com/nationale-kultur/kulturdimension/hofstede.html

www.ingramcontent.com/pod-product-compliance
Lightning Source LLC
Chambersburg PA
CBHW040905180526
45159CB00010BA/2939